c'est beauc

Un jour, Jacques Chard[...] même ses propres morc[...] phrases qui ont l'air de pe[...] ses réflexions deviennent c[...] une phrase tirée de *Pauli[...] tales*) lui donne son titre : *L'amour c'est beaucoup plus que l'amour*. De fait toute son œuvre passe par cette affirmation.

Jacques Chardonne est l'écrivain d'un style. On l'apparente aux romanciers anglais mais, lui, se recommande de Tolstoï. Proust l'impressionne, il a 30 ans en 1914, quand paraît *Du côté de chez Swann*. Collaborateur de l'éditeur P.V. Stock, il a déjà choisi de publier *L'Hérésiarque* d'Apollinaire et le célèbre *Toi et Moi* de Géraldy. Jusqu'en 1930 il existe en France une véritable société littéraire. Dans les meilleurs salons bourgeois, infailliblement après dîner, on parle littérature. Chardonne est l'un des animateurs de cette époque pleine de civilités, d'intelligence raffinée, d'attention scrupuleuse. Il pratique l'art de vivre et l'art de se divertir, l'art du point virgule et l'art de la volupté des mots. Parmi ses amis, Giraudoux retrouve Paul Morand aux dîners du dimanche soir. Ils parlent, ils s'amusent, « ils jouaient à être des enfants » écrit Chardonne dans *Propos comme ça*, son dernier livre, publié en 1966.

Chardonne est né dans la littérature. Quand il vient au monde, à Barbezieux, le 2 janvier 1884, une maison pleine de livres l'accueille. Il connaît bientôt Baudelaire par cœur, aime Flaubert, La Rochefoucauld, La Bruyère, Pascal, Tolstoï, Nietzsche et tous ses contemporains. Quand il devient éditeur, les grands écrivains aiment à s'attarder dans son bureau. Mais il écrit lui aussi depuis longtemps, même si ses manuscrits restent dans ses tiroirs comme *Catherine* qu'il ne publiera que soixante ans plus tard.

L'Epithalame est rédigé en Suisse de 1915 à 1920 et paraît en 1921 avec un énorme retentissement. En 1927 paraît *Le Chant du bienheureux* qui marque son retour à la littérature, puis se succèdent d'autres livres, des romans, des récits, des essais ou des ouvrages de réflexion : *Les Varais* (1929), *Eva* (1930), *Claire* (1931), *L'amour du prochain* (1932), *Les Destinées sentimentales* (1934-1936), *Romanesques* (1936), *Chronique privée* (1940), *Chimériques* (1948), *Vivre à Madère* (1953), *Le ciel dans la fenêtre* (1959), *Demi-jour* (1964), *Propos comme ça* (1966).

En marge de son œuvre, un petit livre *Le bonheur de Barbezieux* rassemble ses souvenirs d'enfance et de jeunesse. Il commence à le rédiger dès 1938. Barbezieux, petite ville de Charente, lui a beaucoup appris. Les rues de Barbezieux grimpent et circulent autour des vieilles maisons provinciales. La bourgeoisie d'affaires s'y repose. « Rien de plus étonnant qu'une petite ville, écrit Chardonne dans *Le*

(Suite au verso.)

bonheur de Barbezieux..., cette société vous apprend sur l'amour, les passions et le pittoresque humain tout ce qu'on peut savoir. Je m'étonne qu'un romancier ait de l'imagination s'il n'a pas vécu dans une petite ville. »

« A Barbezieux j'ai commencé à connaître la vie » dira-t-il beaucoup plus tard. Je peux dire je suis né à Barbezieux; je peux dire aussi je suis américain (sa mère était fille de ce David Haviland qui avait fondé à Limoges une célèbre fabrique de porcelaine). En réalité, je suis l'enfant de mes imaginations. »

Quand, après la guerre, il laisse la direction des Editions Stock à son ami et associé Maurice Delamain, il vit retiré à La Frette. Il a fait construire là une maison en terrasses avec un jardin. Il note sur son cahier : « une vue immense, un paysage immaculé que la première boucle de la Seine enveloppe en face de Saint-Germain, dont la forêt est mon horizon ». Il devient « l'ermite de La Frette », il apaise ses rancœurs, calme ses passions, entre dans la sagesse. Il devient un homme du passé, ce passé qui ne s'efface pas, « cette longue vie où j'ai eu d'abord le cœur serré dans l'âcre bonheur de Barbezieux ». Les souvenirs ont beau avoir été ensevelis, on n'est pas maître de ses souvenirs. On finit toujours par vivre avec des fantômes.

Le moraliste a maintenant succédé au romancier. Chaque jour, il reçoit ou écrit des lettres à Nimier puis Morand. Il rencontre des amis, évoque les écrivains qui le touchent : Kléber Haedens, Jacques Brenner, Michel Déon, Bernard Frank. De Freustié il écrit : « J'aime bien Jean Freustié. Je ne sais pas pourquoi; la meilleure raison, je crois. » Voilà bien l'écrivain elliptique, celui qui se situe toujours dans la zone subtile du non-dit. La lecture en transparence en dévoile plus encore. Chardonne est avare de ses mots et il a l'art du raccourci. Ses phrases sont allusives et sa pensée scrupuleuse. Un grand prosateur, a-t-on dit de lui, parce qu'il a cru aux mots, non aux idées.

Ses livres sont comme des dentelles. Les fines résilles qui s'enchevêtrent forment un tissu rare. Le tapis des couleurs ainsi tressé enchante par sa beauté paisible. Chardonne est un calme. Sa littérature, comme lui, est sage, lente et sereine. « Ne penser à rien, quelle paix ! » C'est un conteur à la plume légère, élégante et limpide. L'écrivain c'est celui qui aime les métaphores, les images inévitables et pourtant inattendues, la rigueur excessive, les choses simples mais inexplicables. L'écrivain est ce solitaire qui accepte la vie.

Kléber Haedens trouvait en Chardonne l'expression d'une connaissance presque asiatique de l'homme et du monde. Il évoquait sans doute aussi la dignité de l'homme qui écrivait quelques années avant sa mort, survenue le 29 mai 1968, à La Frette : « Savoir finir; c'est le principal, peut-être. Finir au bon moment, et non pas déchu. Dans ce mot : « finir », prononcé lentement et comme étalé, je crois entendre le bruissement de perles remuées que font les vagues répandues sur le sable après beaucoup de culbutes. »

Nicole Chardaire

JACQUES CHARDONNE

L'amour
c'est beaucoup plus que l'amour

ALBIN MICHEL

ŒUVRES DE JACQUES CHARDONNE

Dans Le Livre de Poche :

L'ÉPITHALAME.
LES DESTINÉES SENTIMENTALES
(Série Biblio).

© Éditions Albin Michel, 1957.

A Jean Rostand.

J'AI choisi, dans mes livres, des phrases qui ont l'air d'une pensée, et aussi des pages qui me plaisent parce qu'elles me rappellent des images qui furent ma découverte. Il y en a de nouvelles, et même un bon nombre. Les voici dans un ordre un peu dispersé qui souvent s'accorde au titre, parfois s'en éloigne pour y revenir.

Ce petit ouvrage ne s'adresse pas aux familiers de mon œuvre. Il convient plutôt à ceux qui voudraient me connaître et qui n'ont pas le temps de lire. J'ai songé à eux parce qu'ils se multiplient.

Tandis que je composais ce recueil, fait d'ancien et de neuf, ou de retouches, et qui est un choix à ma façon, feuilletant mes livres et ma vie qu'ils accompagnent, j'ai vu que je n'avais jamais donné dans les goûts du jour. Je ne sais si je dois en être fier, mais je n'ai pas envie de m'en repentir.

Cette réserve si constante où je me suis tenu à l'égard du siècle et de ses pentes, se fait sentir jusque dans l'accent du style qui a toujours comme un ton solitaire.

Je me ravise. Ce livre fait de parcelles choisies par moi, et dont je suis deux fois l'auteur, m'apparaît tout à coup comme un puzzle insidieux où se com-

poserait un visage; peut-être le plus secret de mes livres, pourtant plein d'aveux, et que je dédie à mes intimes.

Choisir, c'est se livrer.

J.C.
La Frette, 1957.

Près de Vevey, sur la montagne, le village de Chardonne domine le lac Léman. J'y suis retourné pour revoir mon berceau. Si je suis un écrivain, c'est là qu'il est né. Mon berceau a toujours sa grandiose architecture, ses voiles soyeux où se jouent des tons d'opale et des gris sombres.

J'ai cherché la maison que j'ai habitée jadis. Je l'ai cherchée par des chemins brouillés, je me perdais dans mes pas d'enfant. Enfant ? J'étais pourtant un homme en ces années d'autrefois. Notre passé, c'est toujours l'enfance.

Je suis venu à Chardonne en 1915. Comme je m'avançais dans le jardin de l'hôtel Belle-Vue où je devais loger, je vis une jeune fille à la fenêtre, dans un cadre de glycine, qui jetait une balle à un enfant. Elle cessa de jouer et regarda avec compassion ce soldat français. Je la regardais aussi, car elle était très belle.

Sous les arbres de ce jardin, qui portent dans leurs branches le bleu délavé des montagnes et du lac, j'ai commencé à écrire *L'Epithalame*. Je me disais : aurai-je une plume assez fine, saurai-je trouver assez de nuances dans les gris pour peindre l'intimité, l'amour dans la vie à deux ? On n'aborde pas pour la première fois ces secrets tant respectés jusque-là dans la littérature, sans impudeur, ou plutôt sans une grande innocence. Il fallait sans doute habiter Chardonne dans un monde bouleversé et se dire que l'on écrivait une histoire qui ne pouvait plus intéresser personne.

J'écrivais pour la première fois de ma vie et comme dans la nuit, m'étonnant qu'une seule note sans accompagnement fût si longtemps tenue.

De ces années j'ai gardé le souvenir d'un temps de délices. J'ai habité un vieux chalet pareil à un coffret de bois sombre, entre la cour d'une ferme et des prés pleins de fleurs au printemps. De ma petite fenêtre découpée dans la boiserie, je voyais le lac étendu au fond de son abîme bleu, des vignes, des clartés de neige à la pointe des montagnes, ou bien étalées autour de la maison en nappes de silence quand le poêle de faïence parfumait de son arôme de bûches brûlées ma chambre brune.

Autrefois, ces années m'ont paru très amères. Dans ce pays neutre on ne cachait pas les périls de la France, ceux de la défaite et ceux de la victoire. On sentait la vanité de l'espérance. Tristes années, certes ! et dont je ne dirai pas le pire, car tout cela s'est évaporé comme brumes du matin, et je ne me souviens plus que de l'enchantement de ces jours dont je n'avais pas encore conscience et que le temps a dégagé. Cet enchantement n'était pas dans la nature seulement, ni dans la réalisation d'un désir, dans aucun but que l'on touche, dans rien de saisissable ni même de spirituel, mais il existait sûrement puisque je n'ai eu besoin que d'un peu de recul pour faire de cette contrée le pays du bonheur, où souvent j'ai envoyé un de mes personnages saluer en secret, dans la région de Vevey, la patrie d'une belle jeune fille.

C'était le bonheur de Chardonne, après celui de Barbezieux, le même sans doute et que j'aurais pu trouver ailleurs; bonheur diffus à travers l'existence où rien n'est absolument désespéré, bonheur imperceptible mêlé à la substance de l'être, au goût de la vie, parfois tout pur dans la joie de l'enfant, l'amour des mères, l'art qui colore d'une espèce d'allégresse toute tragédie.

I

Au Moyen Age, l'amour est devenu pour le chevalier une « haute chose ». A une date précise, vers 1160, une révolution en France s'est produite dans la littérature, sinon au même degré dans la réalité. Le Français de cette époque a vu dans la femme l'emblème de toutes vertus et l'inspiratrice de la vaillance. Renonçant à cette primauté de l'homme qu'il tenait du monde antique, il dédie sa bonne épée et sa vie à la Dame. C'était une femme blonde, au cou de neige, à la voix suave, lointaine, et généralement insensible. C'est cette absente que chante Pétrarque, et qui règne encore dans *L'Astrée*.

Après la Fronde, les nobles, rebelles désœuvrés en qui bouillonne encore le sang des grands individus de la Renaissance, sont parqués à la cour et dans des salons. Ils regardent les femmes de plus près. C'est le temps des portraits et des maximes. On se fait une arme du langage, et dans le pays où naguère des idéalistes sentimentaux ont déifié la femme, on exerce sur elle et sur soi-même ce trait juste, ce génie de moraliste que Nietzsche a tant aimé chez les Français.

Ces deux tendances contraires, l'idéalisation de la femme et la rigueur dans l'analyse, souvent enchevêtrées, partent du même fond : l'héroïsme. C'est toujours la prouesse imposée jadis au chevalier. Par goût de la grandeur, l'homme rude et fort du Moyen

Age exaltait la femme et s'inclinait devant sa faiblesse; et c'est aussi une ambition très téméraire, très séditieuse, l'attrait du risque, une espèce de guerre civile en permanence que de vouloir observer ce que l'on aime et se connaître soi-même.

Le Français, que l'on intéresse toujours depuis dix siècles quand on lui parle d'amour, et dont la littérature presque tout entière est consacrée à l'amour, écrit très peu de romans d'amour. C'est qu'il est le moins sentimental des hommes.

Pour lui la femme et les passions de l'amour sont avant tout un moyen de connaissance, un exercice spirituel qui permet de s'instruire sur des perfections imaginaires, ou de s'exposer à de belles folies, ou encore de se déchirer soi-même par la précision du savoir.

Je ne vois en France à peu près aucun changement notable dans les mœurs depuis le Moyen Age, sauf une modification assez profonde touchant l'amour et qui est récente : jadis la femme ne concevait l'amour que sous les traits de l'amant. Le mariage était l'ennemi de l'amour.

Aujourd'hui, une femme de qualité et de tempérament réellement passionné s'accommode très mal d'un amant. Elle le tolère par nécessité, par hasard, mais elle en souffre; elle sent combien ces rapports incomplets sont indignes d'un véritable amour. Elle veut épouser l'homme qu'elle aime. C'est dans le plein jour, l'aisance, la légalité du mariage que se déploie tout le cœur d'une amoureuse.

Dans l'amour, il y a quelque chose de vrai et de chimérique, de certain et d'irréalisable. Toujours, à travers les périls, l'échec, les contradictions et les révolutions intimes, l'homme poursuit un objet surhumain. C'est pourquoi il ne renonce pas à l'amour. Au Moyen Age, dans la femme, il a aimé une déesse.

Il veut que cette déesse existe. Il veut l'analyser. Il veut qu'elle soit sa femme. C'est impossible.

Mais l'homme est ainsi. Il est un chevalier, un romanesque, amateur d'impossible.

Une société d'hommes sans dialogue (par exemple l'antique civilisation japonaise) atteint assez vite à sa perfection virile. Notre civilisation androgyne, avec son âme divisée et travaillée par le mythe de la femme, est toujours en mouvement, toujours réveillée par ses malaises et ses désirs de création.

Jadis, la femme était une idole que nos premiers classiques ont décrite avec emphase. Aujourd'hui, l'amour est bien tombé et la femme déchue de son ancienne gloire; elle est encore l'épouse, avec d'immenses pouvoirs.

Depuis longtemps, les sociétés européennes ne sont plus, comme dans l'Antiquité, des sociétés d'hommes. Cela est vrai surtout en France.

Le Français n'a jamais eu la passion de l'armée qui est une société d'hommes. Il était bon soldat et s'est beaucoup promené en Europe quand il avait un chef, mais le recrutement des troupes fut toujours laborieux; on ne trouvait guère qu'en Suisse et en Allemagne des hommes vraiment disposés à se battre.

La vie civile qui fait une place à la femme, et à une femme qui compte comme en France, n'a pas la grandeur un peu rigide des sociétés d'hommes. J'ai un faible pour ces sociétés mêlées. Ce n'est pas frivolité de ma part, ni goût d'une escrime qui assouplit l'homme et parfois le tue; plutôt une façon de voir la vie; et même quelque chose qui est plus que la vie.

Le trait distinctif du Français, c'est le sérieux. Il dédaigne le confort et les commodités pratiques, il goûte peu l'humour, il aime la famille. Il est sérieux. C'est l'homme le plus sérieux qui soit au monde. Il veut une femme, une seule, et qui ne soit pas une servante ou une simple relation mondaine maintenue à distance par une bonne éducation, comme cela se voit ailleurs, mais qui soit son égale, capable de le comprendre et de parler sur tout, en rapport intime avec lui. Il prétend élever ses enfants, les garder à la maison. Ces liens très étroits créent mille drames. Le Français aime la tragédie, les voies difficiles, les aspérités qui aiguisent l'esprit. C'est un artiste.

Peuple de France, peuple paradoxal, conservateur jusqu'à la sclérose, avec ses quatre siècles de révolutions; anarchiste à fond rétrograde qui a concentré dans l'idéologie et un gouvernement en perpétuel mouvement (espèce de jet d'eau au centre de la capitale) son goût des changements; mais pour le principal, foncièrement stable, et même stagnant, se méfiant de tout progrès. Peuple qui est seul au monde.

Le Français est un homme qui aime les choses, qui croit aux choses de la terre. La France n'a pas produit les plus grands artistes, mais elle a un peuple d'artistes, je veux dire des artistes de la vie intime, et dans la vie intime je comprends le champ que l'on possède, la tâche que l'on a choisie, l'objet que l'on façonne. Peuple d'artisans extraordinairement énergique, dont le constant amour, le meilleur courage, les vraies vertus sont pour la chose qu'il fait. Le premier dans les temps modernes, l'écrivain a conçu son œuvre comme un objet de belle matière avec de justes proportions; le premier il a eu du style en prose. C'est le Français qui le premier a donné un style à l'amour et à la guerre.

Dans les cathédrales, je vois bien plus qu'un élan religieux le chef-d'œuvre des corporations, la joie du sculpteur et du maçon, et si la cathédrale de Chartres a été reconstruite huit fois, je pense que l'on bénissait alors l'incendie qui permettait de tenter une ogive audacieuse. Cette spiritualité toute mélangée à la matière, cette communion de l'artiste avec les choses, et le sens de cette communion, c'est le génie français.

Une certaine idée de l'amour est une preuve de civilisation raffinée, comme la belle prose.

Le couple, c'est autrui à bout portant; il met face à face deux êtres vite dénudés, et suscite des exigences utiles, des tourments indispensables, une source vive d'humanité. Celui qui est en règle avec la société, qui a réussi dans la cité, qui est approuvé au-dehors, vient échouer devant une femme; elle réclame un être réel. Alors l'homme s'aperçoit que les autres lui demandaient très peu.

Des rapports vraiment intimes, l'égalité dans le tête-à-tête, une complète liberté de langage, une considération réciproque sont nécessaires afin que l'amour accomplisse sa mission. Ces conditions se trouvent en France, pays de l'amour et de la famille.

Il faut aussi un abri indépendant pour le couple,

un champ clos, où la société ne pénètre pas, où le désordre soit possible, où quelque chose de vivant, de sauvage et de compliqué, une fois encore recommence entre les cœurs dissemblables et unis.

La famille n'est pas la cellule sociale. On peut concevoir une société absolument différente de la nôtre. Mais toujours la famille se reformera. C'est l'amour qui l'impose parce qu'il veut durer.

Le sens social, l'intérêt et les idées apprises dominent dans la famille, dès qu'il s'agit de l'éducation des enfants; malgré tout, la famille reste un nœud de sentiments vrais avec ses tiraillements profonds qui vous ouvrent l'âme. Heureuse ou divisée, plus attachante encore à travers l'affliction, c'est elle qui révèle tout ce que le cœur peut contenir. Sans elle, on ne se connaîtrait pas.

Si un habitant de Mars apprenait que les peuples de la terre vivent en famille, il se représenterait des êtres cruellement emmêlés et heurtés sous le même toit, parfois dans la même chambre. Il penserait : « Combien d'enfants corrompus de bonne heure par la tendresse ou la sottise, ou à jamais brisés par une autorité fantasque, ou encore vaincus d'avance par le souvenir d'exemples trop beaux et trop lourds ! combien de gendres étouffés, de brus au supplice, de vieillards incompris ! Quel nœud de ressentiments ou de vanités ! » C'est vrai, et pourtant là se forment les hommes les plus forts, avec leur variété si utile, et les souvenirs exquis, et les sentiments rares : le dévouement infini et gratuit, l'amour.

II

L'AMOUR, c'est beaucoup plus que l'amour. Il y entre toujours autre chose, l'esprit après les sens, l'âge, la douleur...

Je crains que, faute d'éducation, les jeunes filles d'aujourd'hui ne sachent pas aimer. L'amour exige certaines préparations, une retenue, des réserves, une rêverie préalable, comme une religion qui a été très tôt déposée dans le cœur.
Trop de rencontres, trop de facilité à se lier, gênent le choix, engourdissent l'instinct. C'est une concentration du sentiment qui fait découvrir dans un être ce qu'il peut donner.

La jeune fille est formée par la rêverie. Tout d'un coup, la maternité l'assujettit et lui impose cette vigilance minutieuse, ce profond réalisme, qui permettent aux enfants de vivre. En même temps, la femme est aux prises avec les calculs précis et connaît tout le poids de la vie matérielle. Son courage et son adresse en face d'une épineuse réalité atteignent au sublime chez les pauvres.
C'est l'homme qui rêve, ou qui boit.

Saint-Honoré est un village du Morvan, une station thermale qui mériterait plus de renommée. Ses eaux réunissent les propriétés du soufre et de l'arsenic; elles sont recommandées pour la toux, très douces, et il vient beaucoup d'enfants à Saint-Honoré.
Les enfants, c'est le monde tumultueux des cris,

des rires, des larmes, des pas précipités, des émotions brèves, intenses toujours, qui formeront plus tard un composé neutre, et jusqu'à cette dilution de la maturité qui a nom sagesse.

Les jeunes mères tâchent de calmer la terreur de l'enfant qui ouvre la bouche devant un jet de vapeur; elles dorment auprès de lui et ne le quittent jamais – surveillantes qui n'ont plus de liberté, ni même d'existence personnelle. Naguère, elles étaient presque des enfants, jeunes filles vacantes qui avaient un caractère indépendant, et des idées sur l'amour, et l'intention d'être heureuses à leur façon. Les voici pliées à une servitude qu'elles n'imaginaient pas du tout et qui leur est subitement naturelle.

Que deux êtres destinés à s'aimer se rencontrent, c'est incroyable. Le cas est rare et l'on pourrait se dispenser d'en parler. Cependant, tout se passe dans la société comme si l'exception était la règle, l'amour partagé et durable, ce que le mariage suppose. Tout est organisé en faveur de l'exception merveilleuse.

Des hommes très raffinés épousent des bergères, et des manants épousent des princesses. L'exotisme est la cause de ces unions disparates. Le rôle de l'exotisme est important dans l'amour, comme dans la vie. Un être étranger à nous, opposé à notre tempérament, et en qui nous ne retrouvons rien de notre famille et de nos habitudes, est bien séduisant. Nous avons besoin des qualités et des défauts qui nous manquent, nous aimons notre contraire, notre complément, mais aussi notre pareil, et il nous plaît que nos goûts soient partagés. Parfois l'amour est indépendant de la personne aimée : nous chérissons la paix qu'elle nous procure, la permission qu'elle nous donne d'être nous-même; ou bien nous aimons une compagnie, ou une contrainte, ou un contraste. Parviendrait-on à définir les raisons innombrables de l'amour, et qui varient avec chacun, un mystère subsisterait : ces qualités sont répandues, mais elles ne touchent que chez un être déterminé, de forme unique et reconnaissable à sa chair. La chair est un signe, comme le style : une seule phrase révèle un écrivain; il est reconnu, jugé, aimé, détesté jusqu'au tréfonds.

La passion est candide; elle a besoin de distance, de mirages et d'obstacles. Les manifestations d'un amour impétueux : crime, suicide, jalousie insatiable, tyrannie, colère, viennent du tempérament et ont peu de rapports avec le cœur. Les signes véritables de l'amour, indépendants des vices du sang, sont si discrets qu'on douterait d'un tel sentiment : ainsi de toutes choses profondes, belles ou vraies; elles sont à peine distinctes.

Une femme est toujours transformée par l'amour. Les femmes qui aiment sont toutes pareilles.

Le lien de la chair ne tient pas seulement aux rapports directs des corps, mais à un contact indépendant de la volupté, comme une pensée qui vous envelopperait par une pénétration lente et des voies aussi obscures que le sommeil.
Meurtri par les années, un beau visage aimé prend comme plus de finesse; il devient si délicat que le moindre fard l'abîme. Cette présence agréable qui persiste à travers les changements d'un être, c'est le mystère charnel.

Le bonheur d'un couple de très jeunes mariés est si innocent, comme tous les bonheurs, qu'il n'a vraiment pas de réalité. Ces jeunes gens ne savent pas qui ils aiment et s'ignorent eux-mêmes. Que tant d'aveuglement porte en soi, parfois, un instinct très sûr, et que ce couple, sortant de la nuit et enfin diversifié, absolument autre, n'ait pas de repentir, c'est étrange, mais cela se produit.

Le bonheur par l'amour, je me le représente plutôt dans l'âge mûr, lorsqu'on a conscience du miracle qui le constitue, de ses rapports avec la souffrance, de ce qu'il vous donne et peut reprendre.

Les plaisirs de l'intimité sont faits de rien : un entretien affectueux, la beauté d'un arbre, l'art, un regard tendre.

N'attendez pas que l'amour pour un être vous donne le bonheur.

Le bonheur se trouve plus facilement dans l'action, dans une tâche absorbante, pleine de surprises et qui ne laisse aucun repos. J'envie les savants, enfermés dans un laboratoire, sur la piste d'une invention. Ils ont résolu tous les problèmes.

Si, dans le mariage, une seule fois, la présence, l'intimité, les années n'ont pas éteint l'amour, c'est qu'il existe vraiment sur terre.

Parfois, c'est par un long chemin à travers la vie que nous rejoignons notre rêve.

Pour être heureux par l'amour, il faut une certaine sagesse; il faut aussi une certaine sagesse pour se passer de l'amour. C'est la même.

Qu'est-ce que l'amour ? Presque rien... un rien de plus vivant dans une femme... un air de surprise... une joie dans les yeux, que l'on discerne à peine, mais qui sont inimitables.

L'amour ? une indulgence infinie, un ravissement pour de petites choses, une bonté involontaire, un complet oubli de soi-même.

Cette vocation pour un être, qu'on appelle amour, les renoncements qu'elle veut, ce sentiment changeant et obstiné, ce jugement plein d'illuminations et d'aveuglements, c'est une grande affaire et très mystérieuse !
On s'en passe très bien. On se passe de tout. L'écrivain doit le meilleur de son art à ses privations. Un bon vivant se débarrasse du superflu : la pensée et le cœur. Un vrai penseur se débarrasse de la vie. Où sont les indigents ?

Ce n'est pas le premier amour qui compte, ni le second, ni le dernier. C'est celui qui a mêlé deux destinées dans la vie commune.

Une femme découvre les diversités de l'amour dans un seul amour. Cette variété, ces métamorphoses continuelles du sentiment sont les surprises de la fidélité. Tous les commencements de l'amour se ressemblent.

L'amour est un parti pris. Non pas résignation, ni habitude, mais renoncements en faveur du choix, active concentration analogue à celle de l'artiste.

Rien n'est donné, rien n'est bon à cueillir sur la branche. L'amour, l'art, le bonheur sont des produits d'alambics. A l'état brut, de première main, la vie n'offre que des choses sans valeur ou qui se décomposent vite; même la souffrance.

L'emploi de l'être entier, jusqu'en ses profondeurs charnelles, on le demande à l'amour, quelquefois à l'art qui lui ressemble.

L'amour est un monde clos. Il est donné une fois pour toutes et ne puise que dans sa propre source, sans secours possible, sans relation avec l'extérieur, enfermé comme l'enfant dans le sein de la mère, secret comme tout ce qui est essentiellement la vie.

Les imperfections si douloureuses de l'être aimé ne sont pas de véritables défauts. Il s'agit de déceptions personnelles, de froissements, incompréhensibles aux autres et que nous éprouvons dans une sorte de nature seconde, un épiderme surajouté qui doit son extrême sensibilité à l'amour, à ses clartés, à des contacts trop aigus.

Aussi les hommes ne se plaignent jamais de la femme qu'ils aiment. C'est leur secrète souffrance.

Pourtant un traître disait : « C'est alors que l'on connaît l'égoïsme fou, un monstrueux accaparement, les hallucinations, l'inconscience, la violence d'un être qui retourne à l'état sauvage. Malheur à l'homme qui a besoin d'une femme. »

Mais tout cela ne voulait rien dire.

Pour une amoureuse, il n'existe rien hormis ses larmes, l'insécurité et les déceptions de l'amour.

Si une femme est de nature sensible, il n'y a pas de détails pour elle dans l'amour. La raison qui met à sa place les choses secondaires, classe les vieux dossiers, et qui porte en soi la paix, n'intervient pas dans cet absolu du cœur.

Renoncez à rendre une femme heureuse par votre amour et même de grands sacrifices, si elle n'a un bon naturel et certaine facilité à se contenter de peu.

Une femme qui a de bons motifs pour se plaindre de l'infidélité certaine ou de la barbarie d'un homme, parfois s'endurcit et supporte son infortune; mais la clairvoyance, la susceptibilité, la déraison, l'exigence d'un cœur comblé lui font découvrir des trahisons impondérables, des épines invisibles que rien n'atténue; aussi la division d'un couple mal composé n'est pas toujours plus affreuse que la subtile amertume de l'amour heureux.

La pudeur des femmes, ou plutôt leur premier mouvement de retrait, de refus devant les entreprises de l'homme, vient du plus profond de la nature. Chez les bêtes, sauf deux ou trois exceptions, la femelle fuit devant le mâle ou semble indifférente. L'instinct de reproduction n'est pas très ferme. Après les plantes, on dirait que la vie a hésité.

La peur, chez les jeunes filles, les jeunes femmes, sentiment obscur, insondable; cela vient du fond des âges, au-delà de la morale, de la raison, et même du sentiment.

Ses allées et venues, ses absences, ses apparitions, ses regards si changeants qui disaient tant de choses contraires dans leur azur immuable, intense, plein d'étincelles, c'était la démarche traditionnelle de la pudeur, la fuite devant l'événement déjà admis, peut-être désiré, à la fois le refus et le consentement, les pas en arrière, les pas en avant, danse rituelle qui se termine tout à coup, comme une tourbillonnante ballerine se laisse choir dans un grand écart sous sa jupe de tulle, après beaucoup de virevoltes, de piétinements sur la pointe des pieds et de gestes envolés.

J'ai vu l'amour passionné surtout chez des épouses. Cette avidité d'autrui s'accroît dans l'entière possession. Elle se complique des nuances du caractère et de l'âge, et du rythme accidenté de la nature physique. Elle se charge des volontés incompatibles que l'être porte en soi et qui s'exaltent dans ce transfert.

Celui qui est capable de sentiments forts montre parfois une faculté singulière de détachement. Il abandonne tout sans peine, ayant assez d'énergie vitale pour vraiment tenir. Au contraire, celui qui souffre de langueur interne et de déficience affective ne peut se dessaisir des faibles acquisitions de l'accoutumance; il est fidèle par épuisement.

L'effacement, c'est la loi de la vie. Signes morbides : l'idée fixe, la revendication inaltérable du sentiment.
La vrai fidélité est un acte de l'esprit; elle est une permission qu'il donne au cœur.

La confiance est nécessaire. Tout repose sur des croyances. Vivre, c'est faire crédit. On ne vérifie rien.

Les signes qui imposent confiance devraient parfois nous inquiéter. Mais la méfiance aussi est une duperie. Elle invente la faute et les preuves.

Si un homme a de l'amour pour la femme qui partage sa vie, une légère tendance à la jalousie, un peu de psychologie, je crains pour son repos. Chez l'homme, la jalousie raisonnable est presque toujours faite du besoin de connaître la femme qu'il aime. Prétention dangereuse. Plusieurs fois au cours de sa vie, la femme change : elle n'a pas la même corpulence, la même sensibilité, le même cœur, à travers les âges différents. Pourtant, elle demeure à peu près identique en ses lignes essentielles. A cette permanence, vague et certaine, l'amour doit s'attacher aveuglément. Qu'il se méfie des instruments d'optique, de l'attirail du psychologue et du détective; il s'embrouillerait dans une atroce fantasmagorie.

La femme que l'on aime vous prive des autres femmes, et parfois de l'amour. Nous avons moins d'amour que nous n'avons d'attachement, et d'attachement forcé. Mais l'amour indéterminé n'existe pas, et « les femmes » cela ne veut rien dire. Il n'y a d'amour que dans les douleurs, les dons, le creusement, les créations, la toute-puissance des attachements.

De ce sentiment que crée souvent l'union de deux êtres, on peut dire avec la Rosalinde de Shakespeare « le fond en est inconnu comme celui de la baie du

Portugal ». Le point d'harmonie n'est pas obtenu par ces particularités du caractère qui constituent nos goûts et nos passions et qui semblent les artisans mêmes de l'amour; il est situé plus haut.

C'est notre souffrance, notre propre façon de sentir si nouvelle, c'est le plus chaud, le plus vivant de l'être que la mode atteint d'abord et qui sent un jour l'artifice.

Nos joies ou nos malheurs, et tout ce qui nous arrive, ne signifient rien. Cependant notre humeur, et même une philosophie, une religion, dépendent parfois de ces petites choses.

Dans une femme, c'est vraiment la vie qu'on aime.

On pardonne tout à la femme qu'on aime. C'est cela qui rend l'amour si étouffant.

Ce n'est pas le temps, la satiété, ni aucune lassitude qu'il faut craindre dans l'amour, mais une impression de sécurité, un état de distraction. On oublie que cet être charmant est passager. On en jouit à peine, comme d'un été qui reviendra, laissant perdre tant de beaux jours.

Jadis, elle était très mince, diaphane, à peine incarnée, toute pétrie d'une lumière triste qui transparaissait dans ses yeux d'eau et la fine jointure de ses lèvres un peu charnues de poupée. L'âge lui a donné plus de substance et enfin la jeunesse.

Certains êtres doivent prendre racine peu à peu, abandonner leur âme, se vêtir de chair, comme d'autres s'élèvent difficilement au-dessus d'une gaine d'instincts terrestres.

Quand j'écrivais mon premier roman, je ne me doutais pas que tous mes livres, dans la suite, auraient à peu près le même sujet. Aujourd'hui, je sais que je ne pourrais décrire un personnage d'homme s'il n'est en contact avec une femme dans le mariage. Là seulement, il me paraît vivant. Je pourrais justifier ma théorie et dire que les rapports du couple font le mieux ressortir les caractères, le fond sensible et naturel, qu'ils sont le carrefour des voies montantes, que là est le secret de chacun; il est plus honnête d'avouer que mon secret est là. Un peu plus qu'un autre, peut-être, j'ai senti ce qui dépend d'une femme dans notre vie.

Il y a un mirage favorable à l'amour, qui tient à la distance d'un objet inaccessible. Il y a un mirage plus favorable encore, qui vient de la proximité d'un être et de sa fréquentation intime et prolongée.

Stendhal a très bien parlé de la passion; on n'ajoutera rien à ses prestes remarques.

Il existe un autre amour qui a besoin de durée et qui est fait de nuances comme la mer et son horizon douteux près des côtes saintongeaises. Lente élaboration d'essences précieuses. Seuls le connaissent ceux qui ont appris par un long attachement qu'il faut toute une vie pour créer un être.

Si les êtres étaient parfaits, on ne s'apercevrait guère de l'amour.

Je traversais le jardin du Luxembourg, lorsque mon voisin de table à ce déjeuner me rejoignit :

« Vous rentrez à pied. Moi aussi. Je vous accompagne ! »

J'ai cru qu'il désirait me parler, mais il ne dit rien. Enfin :

« Vous retournez en Charente bientôt ? Vous allez vivre là-bas ?

— Je ne sais pas encore si j'y vivrai; mais j'y retourne. Il y a trop de bruit à Paris pour moi... Vous avez l'air soucieux. Votre femme est partie aussitôt après le déjeuner... Je n'ai pas compris.

— Elle avait un train à prendre. Elle est partie pour Auxerre et revient après-demain... Vous me parlez de ma femme, justement j'y pensais. Un voyage de trois heures, ce n'est rien. Mais il peut se passer tant de choses dans un petit voyage... Un accident... On ne sait pas... Ma femme n'est pas jeune. Je l'ai regardée à ce déjeuner, un instant. Elle ne disait rien; elle parle peu dans le monde. Chez nous, d'habitude, nous sommes face à face; on a toujours quelque chose à dire. Les conversations de la maison font un mélange un peu brutal des êtres... Tantôt, je l'ai aperçue à la dérobée. Je l'ai trouvée belle. Ce mot vous étonne chez un vieux mari; d'ailleurs ce mot n'est pas juste. J'ai été frappé par le charme de ce visage; je ne sais quoi de pur, de tout spirituel... Cet affinement que donne l'âge, et pourtant une grâce de jeunesse encore sensible, comme une lumière, ou le reflet d'une lumière. Elle ne paraissait pas de même substance que les autres... des êtres de chair... si vivants... J'ai été troublé. Je me suis dit que je lui avais fait de la peine souvent... que je ne l'avais pas bien vue... pas assez aimée... Je n'ai pas assez senti quel être... Un petit voyage, ce n'est rien. Dans trois jours, je n'y penserai plus. Elle sera là. Mais cela me préoccupe... Je la vois à cette table, distraite, un peu distante, dormeuse éveillée pour moi ravissante, et ce visage plein d'âme, presque immatériel, si candide, si doux, cette vision fugace me poursuit, comme si déjà, à ce moment-là, elle n'était plus vivante. »

La jalousie est le vice de la possession. Posséder est interdit à l'homme. Faute de posséder la personne réelle le jaloux s'épuise à créer une présence fictive, vivifiée sans cesse par l'idée de perdre.

Vers Toulouse commence la zone de la jalousie intense, qui s'étend loin dans le sud. Pourtant je ne crois pas les gens du Midi très amoureux. Le soleil est pour eux un bonheur suffisant; ils se promènent... C'est dans les climats pluvieux et tristes que l'homme demande tout à la femme.

Tout attachement même sensuel est un mystère. Vu au microscope, l'amour est un pullulement de méprises.

Le corps d'une femme est un secret bien gardé et une longue histoire.

Ce corps splendide, svelte et plein, tant soigné, n'est pas pour vous, ni pour personne. Il est fait pour les yeux, pour l'imagination, pour entretenir au-dehors une espèce d'esthétique voluptueuse, un rêve charnel. C'est dans l'abandon qu'une belle femme se réserve. Vous pourriez meurtrir ces lignes bien conservées, cette soie fragile ! On n'approche pas d'une belle femme.

Le principal pour un homme est la femme qu'il aime : il en retire tout le bonheur et toute la souffrance possibles. Elle donne à tout un goût fade, âcre ou délicieux. Et pourtant les amours du prochain nous sont indifférentes.
Nous comprenons mal que cette femme lui importe beaucoup. C'est à peine si nous admettons son sentiment comme une espèce de manie.
Le bonheur des autres fait toujours pitié.

L'acceptation, la résignation sont de belles vertus, mais à la dernière extrémité.
Quelle contrainte l'homme impose, surtout l'amoureux ! Il veut une femme à son gré.

J'ai pensé d'abord : l'amour c'est une création; et puis ; c'est le goût de la perfection; et puis, au contraire : c'est accepter une femme telle qu'elle est, une femme libre, qui a la permission d'être vraiment elle-même, d'être jeune, de vieillir.

Un homme, ce n'est pas assez pour une femme, ou bien c'est trop.

Celui qui vous aime est trop près.

A force d'entendre des gens qui se plaignent d'autrui et qui en souffrent, sans jamais soupçonner leurs propres torts, on devient stoïque. C'est le plus simple.

Une femme m'a dit : « J'ai aimé. J'y pense encore avec un mélange de regrets et d'effroi... d'effroi surtout... comme si l'amour n'était pas fait pour notre cœur. » Et une autre, ou peut-être la même : « Il m'a fait tant souffrir que je ne pourrai jamais aimer un autre homme. »

Selon les femmes, trop expansives ou trop renfermées, ou évaporées, chagrines et papillotantes, ou trop raisonnables et dominatrices, trop tendres ou trop sèches; selon les hommes qui diffèrent si profondément pour un degré d'insuffisance ou d'excès dans les défauts et les mérites; selon la place des sentiments dans le cœur et le côté où la vie nous a blessé, l'enfant qui manque ou qui est trop présent; l'âge et ses surprises, la maladie, la santé, les aïeux, et tant d'événements très particuliers – l'amour à la maison, le couple et les enfants, la famille, forment pour chacun un composé sans pareil, une nuance de l'ennui, de la souffrance ou du bonheur qui n'a pas d'analogue.

Le joli mot d'« aventure » désigne en réalité une entreprise longue, ardue, qui exige des simulations, une présence d'esprit continuelle, des courses fatigantes et beaucoup de temps; ou bien l'affaire est si courte qu'elle ne compte pas.

Quel est l'homme qui plaît aux femmes ? Pierre Mille a dit : celui qui a le temps.

Est-ce à cause de notre amour que les êtres chers nous blessent tant ? A l'égard de nos proches nous manquons parfois de cette bienveillance qu'un étranger obtient de nous aisément. Des apôtres ont quitté une femme aimée et leurs amis pour vouer à l'humanité un amour plus serein. L'amour de l'humanité est facile.

Il n'y a pas de femme aimable qui ne soit sensible, il n'est de communication véritable avec un être que par la sensibilité. Mais une femme sensible exige de vous trop de ménagement. On est toujours coupable auprès d'elle, et il faut bien reconnaître sa propre malfaisance devant le bouleversement que produit le moindre geste. On ne se jugeait pas si brutal, si grossier, si injuste. On a beau se contracter, on porte encore en soi de quoi labourer une tendre chair, et, si réduit que vous voilà, vous restez couvert d'épines. Peut-être que mort vous ne ferez plus souffrir.

Les larmes ne sont pas toujours belles; la douleur reflète notre image. Elle laisse voir la vanité, la méchanceté, la rancune, tous les poisons du sang.

Une femme est utile à un romancier, même à un philosophe. Nietzsche bénissait Xanthippe qui fut bienfaisante pour Socrate : elle le forçait à rester dans la rue où il fit tant de trouvailles.

Une femme ne peut pas beaucoup nuire à un homme. Il porte en lui-même toute sa tragédie. Elle peut le gêner, l'agacer. Elle peut le tuer. C'est tout.

Il ne l'aimait pas, mais elle a été la grande affaire sentimentale de sa vie.

L'amour est un mot, voilà tout; un mot auquel chacun prête un sens qui lui est tout personnel; ce mot vide se rapporte à quelque chose de très important, auprès de quoi, dans la vie, presque tout est billevesées. Il tient à la vie emmêlée de deux êtres; donc à leur nature, à leur caractère, et au temps qui fait le mélange. Le plus souvent cet amour met le cœur à vif, il dénude les nerfs, souffrance dont la cause est bizarre : tout ce qui vous rapproche du but vous en éloigne.

Deux êtres qui s'aiment, insensibles à cette évidence, séparés par ces phantasmes qui tissent une carapace autour d'eux, toujours plus dure, où ils sont enfermés, méconnaissables l'un pour l'autre, ne pouvant plus trouver le mot qui touche, ni se joindre d'aucune manière, même dans l'adieu du dernier jour...

Certaines tragédies du couple sont sans issue. Aucun cri ne touche, car personne ne l'entend; on se bat avec des fantômes. C'est alors que l'on connaît la folie des êtres, leur innocence, la fatalité, l'impuissance à s'exprimer, la duperie envers soi-même, l'inutile bonté, la cruauté inévitable – toujours trop tendre ou trop dur. Ceux qui ont la vocation de la sainteté pourraient l'exercer dans ces conflits. Mais la tentation est trop proche; plutôt la fuir.

Un grave problème serait de savoir si on a le droit de sacrifier le bonheur d'un être afin d'assurer le sien, et d'établir son propre repos sur des ruines; si le malheur d'autrui a un caractère sacré; si le prochain vous est réellement préférable. Dès que ces questions se posent, il n'y a plus rien à perdre, ni pour l'un ni pour l'autre.

Combien l'intelligence, sous sa forme la plus ravissante, comporte de sensibilité et d'attaches à la vie profonde, on ne le sait vraiment que par une femme.

Et combien le tempérament privé de raison, le sentiment aveugle et déchaîné, versatile ou buté, sont malfaisants, on l'apprend aussi par une femme.

Notre vie s'oriente et se fixe selon nos attachements. Pour certains, c'est une mère, ou un fils, ou une femme qui est leur vie. Ceux-là vivent dangereusement; la mort les touchera au cœur. Mais elle transfigure tout; le survivant lui-même est dans un autre monde.

Nous portons allégrement un cœur dur, nous vivons dans l'inconscience de notre injustice, nous négligeons mille devoirs, nous acceptons sans remords les profits d'une société barbare, mais, s'il faut rompre une union malsaine et nous séparer d'une femme que nous souhaitons quitter, un scrupule nous retient et, tout à coup, bon, généreux, héroïque, nous lui sacrifions parfois notre paix, nos forces, notre vie.

C'est qu'il y a dans l'amertume de certains liens un charme secret : l'ensorcellement de la douleur.

Une passion peu connue ne se manifeste que chez la femme : la passion conjugale. Cette passion se déclare quand le mariage est menacé. Elle surpasse en durée, en virulence, en douleur toutes les passions de l'amour dont elle reste distincte.

Les hommes qui discutent entre eux n'écoutent pas les raisons de l'adversaire. Dans les querelles d'amants ou d'époux, la femme n'entend pas ce qu'elle dit.

Les obstacles au divorce sont utiles, à condition de ne pas être insurmontables. La société a raison d'opposer des entraves aux libres mouvements des individus. Ces gênes obligent à réfléchir; ce sont des appareils de culture morale.

Amour maternel, sentiment insondable, le plus égoïste et le plus généreux, mesquin, sublime, aveugle, clairvoyant.
L'amour maternel, c'est la tendresse pour des êtres disgraciés... Il y a là du divin.

On pense beaucoup à quinze ans. On découvre presque tous les problèmes de la vie. Après, on s'y habitue, on les oublie.

Sans hiver, pas de printemps. La jeunesse, c'est l'hiver. Que la graine dorme !...

Aujourd'hui, à Paris, la société est différente de celle d'autrefois; mais c'est toujours la même jeune fille qui reparaît un instant, avec la même attente, le même rêve, la même pudeur... Tout cela tombe très vite ou persiste secrètement.

Barbezieux était plein de jeunes filles, jadis : des grandes en sarrau de toile écrue au cours de dessin, de toutes petites en robe de broderie qui jetaient des pétales de roses sur les marches du reposoir, quand la ville drapée de blanc pour la procession sentait le seringa; et cette chenille noire de l'école des filles en promenade qui vous perçait de ses yeux innombrables. Il y en avait dans les auditions rivales des deux professeurs de piano, dans la tribune ténébreuse de l'église, ou qui passaient dans les rues en pente, les manches bouffantes, suivies de leurs bonnes. Il y en avait dans toutes les maisons.

Elles n'étaient pas inabordables. Je doute que les mœurs aient beaucoup changé sur ce point. Le changement tient plutôt à une attitude des parents : une certaine façon d'ouvrir les yeux ou de les fermer. Les mœurs ont peu d'effet sur la nature. Il y aura toujours des filles folles et des sages. Peut-être que mieux gardées en ce temps-là, les sentimentales, qui ne séparent point le mariage et l'amour, ont attendu l'heure plus tranquillement.

Les jeunes filles de Barbezieux étaient amoureuses du mariage. Elles aimaient tant le mariage que tout de suite elles croyaient aimer leur mari et beaucoup ont conservé cette idée durant leur vie. Une jeune fille mettra toujours sa passion et son romanesque dans le mariage, parce qu'elle rêve d'échapper à la solitude : celle de la famille, de la rue, du travail ou du plaisir. Elle veut employer son cœur, s'occuper d'un homme, vivre de lui et pour lui.

Les parents songent au bonheur de leurs enfants; mais les enfants, quand ils se marient, ne pensent pas du tout au bonheur. Il s'agit d'aimer, de vivre, de donner la vie; peut-être seulement de partir.

Quel monde varié que celui des jeunes filles ! Voici les diversités infinies de la pudeur, du sérieux, ou de leurs contraires. Chez elles tout est trompeur : un air sage ou excité. Cependant il y a parenté entre elles; ce sont des jeunes filles. Si loin que certaines poussent l'aventure, c'est tout autre chose qui les rendra femme. On ne sait quoi.

Parfois, sur cette plage, je crois reconnaître une jeune fille, quelque Suzanne de jadis. Mais elle est devenue cette vieille dame que je ne reconnais pas. Les coutumes ont changé. Des rochers, des bois de pins, autrefois refuges des amoureux, sont délaissés. On ne fuit plus la famille. Où sont les parents ? Rien que des enfants, des jeunes gens et des jeunes filles. Ils sont fort bien gardés par l'esprit de troupe, par l'œil critique du semblable et aussi par la rudesse et le franc parler de la camaraderie, bonne carapace qui sépare la fille du garçon sans prestige.

L'amour, comme l'œuvre d'art, naît du secret, du retrait de l'être, en somme d'une concentration qui est une rupture, un éloignement de la vie en faveur de la vie. La camaraderie des garçons et des filles a supprimé les barrages et le secret. Je me demande comment se formeraient aujourd'hui ces sentiments qui jadis bouleversaient les cœurs et « brisaient une vie » comme on disait.

Vingt ans, pour une jeune fille c'est l'âge difficile. Les plaisirs et les occupations de la première jeunesse sont passés, et la vie n'a pas encore repétri une nature sensible. L'âge de l'attente. L'homme devra répondre à cette attente démesurée.

Certaines font l'économie du stage de repliement et des songes.

Le jargon monotone et abrégé, en faveur chez les jeunes, est un emblème de ce temps : abréger la vie. Mais la vie ne supporte pas de raccourcis, elle a besoin de toute la pensée d'un être, de sa mémoire, de son recueillement. Aux évaporés, elle ne donne rien.

La mer clapote dans la fente d'un rocher et fait choir sur la plage une longue vague lassée de la houle, je connais depuis longtemps son bruit, son souffle sur l'herbe jaune qui plie et sur le chardon robuste. Quand je passe devant certaines villas, je crois voir leurs habitants de jadis inscrits derrière une vitre. Que sont-ils devenus depuis quarante ans ? Personne ne peut le savoir. Vivants ou morts, tout ce qu'ils ont ressenti, chagrins, joies, frayeurs, événements heureux ou terribles, n'existe plus pour eux. Tout s'est dissipé ou transfiguré très vite. Ce qui a vraiment compté dans leur vie est imperceptible.

Même sur cette plage, je veux croire à l'avenir. Je sais que les couturiers qui vont habiller ces demoiselles si peu vêtues, et la suite infinie de leurs remplaçants, inventeront des costumes dont je n'ai pas l'idée, mais leurs trouvailles vont osciller entre la crinoline et la nudité; et des écrivains sans nombre, après moi, décriront d'autres demoiselles et les peines qu'elles auront, avec d'autres mots qui effaceront les miens, mais le champ n'est pas très étendu entre le guindé et le charabia. N'avons-nous pas touché les extrêmes ?

Le sentiment d'avoir atteint toute limite, connu ou deviné les combinaisons possibles de la vie en société, les nouveautés que la science peut produire sans changer la condition de l'homme, jusqu'au moment où elle fera un homme plus étranger à nous

que la mort, cette impression d'épuisement même de
la curiosité, je doute que dans le passé on l'ait res-
sentie comme nous.
 Jamais non plus, il ne fut donné à la jeunesse
sentiment plus assuré que le monde est à refaire et
que là est sa tâche. Nous transmettons une pensée
où rien n'a marqué, l'espérance inaltérable.

Je crois que le jeune homme en général est rebelle
à l'amour. Chez lui un instinct de liberté, un réflexe
farouche regimbe contre l'amour et son expression
habituelle, ce joug, cette invention de troubadour
compliquée par des vieillards.

Un grand âge n'est pas effacement de l'homme.
Au contraire le voilà sans fard, en relief; peut-être
plus sensible, plus exigeant.
Est-ce que ces Faust regrettent leur jeunesse ?
Voudraient-ils pour plaire à une Marguerite recourir
à la magie, renier leur savoir, et, par la grâce d'un
déguisement retomber dans l'innocence ?
L'âge est sévère. Il nous prive même de regrets.
Cette vie qui toujours se dissout et se recompose
autrement, cette surprise de chaque instant, quelle
jeunesse jusqu'à la mort !
Les femmes soupirent quand elles perdent leur
jeunesse. Elles regrettent les pouvoirs de leur coquet-
terie. Presque tous nos chagrins sont futiles.

Il faut avoir le courage d'abandonner ses enfants;
leur sagesse n'est pas la nôtre.

L'enfant est imperméable. Pour élever un enfant,
il faudrait le comprendre, et comment le compren-

dre quand on n'est plus un enfant ? Il vous échappe dans ses dépérissements et ses nouvelles naissances. On court après un fantôme.

A peine avons-nous atteint une sorte de repos, une apparence de sécurité et d'ordre, que nous voici compromis, engagés dans la formation douteuse d'un autre être, englobés dans un nouveau destin plein de périls et dont nous ressentirons tous les mouvements au plus vif du cœur.
On ne peut jamais se désintéresser d'un enfant.

Beaucoup d'hommes n'ont connu qu'un amour : l'amour pour leur fille; et c'est bien là tout l'amour avec sa damnation.

L'univers des enfants est sans rapports avec le nôtre; le temps n'est pas le même pour eux et pour nous, ni la température, ni les formes et les couleurs. Longtemps, les enfants ne veulent pas voir le monde où se meuvent les grandes personnes et dont ils sont protégés par des personnages imaginaires, presque vides : les parents. Le danger du divorce pour la famille est dans la commotion que peut produire chez un enfant le contact du réel sous les traits d'une mère que la souffrance vient de changer pour lui en un être de chair.

Conseils à un jeune écrivain :
Ecrivez peu.
Méfiez-vous de l'alcool, des belles voitures, n'oubliez pas que les battements du cœur sont comptés.
Beaucoup dormir.
Si une femme vous plaît, n'y touchez pas.

Les meilleures causes furent ruinées par leurs apôtres; les patries, par des patriotes; et ceux qui parlent toujours de justice en font une risée.

Il faut poser le pied assez légèrement sur terre.

Le travail, le bruit des enfants, la ville, permettent à bien des couples de supporter leur union. Avec l'âge, ces divertissements cessent, et on est ramené face à face. C'est alors que l'amour manque, s'il a fait défaut.

La femme reçoit les plus grands coups de la vie. Elle perd sa jeunesse et sa beauté, puis les enfants partent; souvent elle reste la dernière à la maison. C'est une autre existence, qui lui est réservée. Pour elle, la vie ne change guère, car c'est un être de maison, qui sait attendre.

Félix-Claude Lafontaine, de Nevers, est le neveu du banquier Lorrain. Je l'ai vu quatre fois dans ma vie; au total, si l'on additionne les heures et les jours de ces rencontres cela fait une semaine, mais ce temps est réparti par fragments sur un grand nombre d'années; au bout du compte, voilà un ami. Pour former cette amitié, quelque chose a travaillé pour nous qui n'est pas la mémoire; c'est un principe actif comme la pensée dans le sommeil.

Jeune, Félix-Claude a fait un mariage un peu extravagant. Ce fils de très grands bourgeois a épousé la fille d'un marchand de poisson de Saint-Honoré. Elle était jolie, je pense. Cela s'appelle un mariage romanesque, qui a étonné tout le monde à Nevers.

Je ne connaissais pas sa femme. Je viens de la voir pour la première fois dans le beau salon de Félix-Claude. Elle a soixante ans. Impossible pour moi de l'imaginer à vingt ans; mais j'observais le mari, les regards tendres, un peu inquiets, qu'il jetait vers elle, sa façon de la mêler à notre conversation, une pointe de malice, quelquefois, pour la réveiller; c'est à elle qu'il pensait tout le temps. Lui se souvenait très bien de la jeune fille de Saint-Honoré; il s'en souvenait sans le savoir, par je ne sais quelle mémoire inconsciente dans sa chair, à travers beaucoup d'années ou rien n'avait changé pour lui. J'ai compris que c'était une femme exquise.

III

L'OISELIER commence à transporter ses cages sur le trottoir. Un peu plus loin, une entreprise d'emballage est déjà active; les caisses ouvertes attendent les verreries posées à terre parmi des armoires démontées, des commodes sans tiroirs. A la devanture d'un magasin d'antiquités s'entassent des objets venus d'Asie ou dispersés dans les débâcles familiales. Une force de destruction semble s'acharner sans relâche sur toute tentative d'harmonie ou de stabilité, rouler des débris, salir les maisons, bousculer les êtres qui vont s'user au travail.

La rue est comme une espérance, une rive étrangère. Tout est surprise, engourdissement au milieu de la foule qui vous jette aux yeux ses visages divers, si distincts, qu'elle résorbe aussitôt.

C'est la foule qui fait les religions, les villes, la campagne, l'histoire, la politique, tout ce qui nous enveloppe et nous régit, cachant sa genèse et son aboutissement.

J'ignore le milieu où je suis plongé et qui me façonne et me dirige. Je ne sais rien de ce qui se passe autour de moi. Peu de mots ont un sens intelligible. La foule de mes semblables est plus distante de moi que le ciel étoilé.

Dans ces rues parisiennes où je me suis promené jeune homme, je ne retrouve plus rien d'une époque très proche. Il y a soixante ans, quels courants parcouraient le monde ? A quoi pensait la jeunesse ? Quels événements, quels désirs, quels regrets agitaient cette procession de passants, parsemée de grêles fiacres dodelinants ? J'étais sans doute bien distrait en ce temps-là; je ne me rappelle rien que par un grand effort; le passé est vide. Des adolescents soucieux disaient : « Il n'y a plus de places pour nous; tout est encombré et stagnant », ou bien ils parlaient de l'Allemagne et de ses savants. Il y avait des guerres lointaines, mais dans quels pays ? On rencontrait des gens qui voulaient répandre la justice et tout détruire, et d'autres qui déploraient la perte de choses excellentes. Des images détachées, sans date, me reviennent à l'esprit : un matin les avenues sont désertes, comme balayées par un vent d'orage, et, au loin, on distingue un petit amas de foule noire et menaçante. Dans un landau, passe le Tzar chamarré, très pâle, fluet aux côtés de Félix Faure. Le gros président Krüger salue le peuple sur le plus haut balcon de l'hôtel Scribe...

Le passé collectif qui se dépose dans les livres et auquel j'ai pris part presque sans conscience m'échappe autant que l'avenir, et si je retrouve la notion des années disparues c'est en suivant, comme à l'écart, la trace de mes pas, un chemin presque effacé, tout personnel, soudain éclairé par le souvenir d'une sensation, la lueur d'un sentiment, rares indices qui révèlent une certaine suite dans mon être.

Par des ruelles agrestes, des murs badigeonnés de chaux, des jardins de paysans, la campagne pénètre la petite ville, et même lorsqu'elle se fait plus citadine, dans ses rues pavées, bordées de maisons, c'est le ciel des champs qui la recouvre. Aimables gens, qui vont à l'église sans croire, à l'école sans beaucoup apprendre, et qui ont eu dans leur enfance toute une ville pour s'amuser; maisons charmantes, discrètes, comme éteintes, où, un jour, on ne sait par quel mélange, c'est Fromentin qui vient au monde.

Jadis, je connaissais tout le monde à Barbezieux; j'ai eu pour camarades les plus pauvres, je suis entré dans toutes les maisons. Ces gens étaient heureux. Ceux qui veulent apporter le bonheur à l'humanité arrivent trop tard. Ce bonheur a existé, et on ne s'en est aperçu. Il y a cinquante ans, dans une petite ville de Charente, tout le monde était heureux, autant qu'il est possible sur terre. On ne souffrait que de maux éternels.

Les maux éternels, l'aigreur de l'envie, la démence de la jalousie, l'ennui, la maladie, la mort des autres, le prochain insupportable, l'aveuglement du cœur, l'impossibilité de goûter vraiment ce que l'on possède, l'amertume d'être un homme, rien ne pourra nous en guérir; on retrouvera tout cela quand on aura retourné dix fois la société.

Lorsque j'étais enfant, nous allions au bord de la mer, près de Royan. Pour moi, il n'existe pas d'autre mer que celle-là. Il me faut une côte effilochée et baveuse, déserte, brûlée, le chuchotement des vagues dans le silence plein de vent et de détonations, un bois de pins très calme, avec ses senteurs d'immortelles et d'œillets sauvages. Aux creux des dunes, une vigne est tapie, et tout près de la désolation des grands courants d'air, la campagne saintongeaise commence. De ces rivages de rocs, de sable et de tumulte, un doux rayonnement l'accompagne longtemps, et c'est de là que viennent les beaux nuages de Barbezieux.

La Maurie est un village un peu grave, un peu sec, avec ses maisons nues fortement construites, parées seulement d'un toit de tuile romaine aux tons soyeux, délicatement tachetées; et cela fait un petit amas de blocs dorés au pied des peupliers qui bordent la rivière.

On n'entend guère, certains jours, que la brise dans les peupliers et leur bruit de perles remuées; ou le passage lointain d'un train quand le vent souffle de l'ouest annonciateur de la pluie; et parfois vers minuit le cri de la chouette hulotte, aigu et glacé, comme le signal d'une détresse heureuse et qui semble le cri même de la nuit.

Je vais quelquefois passer une semaine à Saint-Paul de Vence, près de Grasse, dans l'hôtel de M. Roux, ce paysan artiste de la plus fine variété française, qui a su orner sans une faute sa maison du passant. Même cette année, où je n'ai pas envie de repos, je suis venu revoir le village de vieil argent couronnant sa colline. On trouve ici la végétation des contrées heureuses, la vigne, l'oranger si tranquille, l'olivier nébuleux sur son vieux socle écartelé, l'if si concentré en lui-même, et ces broussailles rêches et odorantes qui sont les fleurs de la Bible. Ici, il y a des nuits plus étoilées que chez moi; des plis de terrains riants, découpés en champ de roses ou d'artichauts; de grandes ondulations pensives, et leur dépassement de monts dénudés, qui semblent d'une autre substance, comme poudreuse, sous des tons de soie fanée; un pan d'Alpes neigeuses un peu chiffonné dans une échancrure.

Aujourd'hui, le soleil s'est caché, mais dans les

vallées commence à se répandre, par touches fraîches, un printemps que je reconnais : des arbres en boules blanches, l'herbe nouvelle, et ses fleurs de partout, merveilleusement communes. Jadis, Saint-Paul était l'une des grandes cités de France; à présent ville morte. Lorsque tout est réuni pour le bonheur des hommes, ils s'en vont; et c'est à des passants que M. Roux offre tous les jours la gloire de ses bouquets si bien composés. Moi-même je ne resterai pas longtemps, car ma vie est ailleurs. Elle est captive du lit qu'elle a creusé. Je ne sais plus, ou je ne sais pas encore, dégager mon être de ma vie, – ni assez jeune, ni assez vieux peut-être, pour cette vacance.

L'incendie a découvert les beaux contours de l'Esterel. Sur le sol pierreux, dans les ravins rosés poussent le romarin, l'arbousier, le myrte, les bruyères. Isolés dans la brousse argentée se dresse un grand pin d'autrefois. Nul passant ne trouble cette enclave à l'abandon, Eden stérilisé, muet, tempéré, où toutes les félicités sont réunies : la lumière et le silence.

Au pied des coteaux, le village borde la Seine, joignant ses toits antiques de tuiles plates qui ont la couleur du pain un peu trop cuit. La petite église semble tout juste ébauchée, fragile, avec sa façade teintée d'un vieux crépi gris tendre, entre deux rangs de marronniers.
Le fleuve, indécis, s'étale à sa courbe comme un lac. Tout le jour, des péniches passent, actives et lentes, avec un battement mou de moteur essoufflé. La nuit, elles se rangent contre la rive, immobiles, effacées dans l'obscurité où luit un feu rouge.
Le soir, je distingue, dans la plaine noire, la lueur dormante et glacée du fleuve, un frémissement

d'étincelles sur d'invisibles coteaux, et, dans le ciel, vers l'est, des reflets d'incendie, un pâle embrasement d'aurore : la grande ville est proche. Elle investit cette enclave de nature et d'ombre, déjà pénétrée par les chatoiements de la vie citadine.

Quel sentiment m'attache à cet endroit où j'habite depuis tant d'années, ne souhaitant que me promener autour de ma maison, sans voir d'autres pays, ni rien qui soit ailleurs ? Est-ce la campagne qui me plaît, ou bien, au contraire, est-ce la ville, dont le reflet traverse l'atmosphère et rend plus douce cette paix inquiétée ? Peut-être, est-ce à cause de ma santé que l'air pur m'est si agréable ? De quoi sont faites nos amours ? Si je dis : « J'aime la campagne », c'est une phrase que personne – ni moi-même – ne peut comprendre exactement.

Je me rappelle certains matins de mai, l'aubépine en fleur sous sa grosse dentelle, le tamaris avec ses plumes de corail rose et la vieille soie du fleuve entre les branches... Il y avait tant de choses colorées, odorantes, ailées, à respirer, à chérir, que je les négligeais, comme si j'avais pensé : c'est beaucoup trop... je ne pourrai pas tout retenir... Ce tamaris, cette aubépine, c'est assez pour le souvenir.

Ce sont toujours des privations, le souvenir d'une blessure, des alarmes, on ne sait quoi de modéré et de difficile dans l'ordinaire de la vie, de recueilli, de sensible, d'un peu douloureux, qui nous font sentir les vraies délices. On ne conçoit le plaisir ou la félicité que dans notre monde.

Cela doit tenir aux maisons que j'ai vues jadis dans ma famille, bourrées du bric-à-brac de Philippe

Burty et des Goncourt, je n'ai jamais eu chez moi un tableau, ni la moindre gravure.

Les beaux-arts, c'est une affaire d'expert et je crains toujours d'être mystifié; et puis, je n'ai vraiment de goût que pour la nature, le vivant.

J'ai une fresque sous verre faite par le ciel. Là-dedans, c'est la lumière de l'Ile-de-France, et les nuages se déplacent lentement, majestueux avec leur plumage de pigeon ou de colombe, jusqu'au soir qui a tant d'idées pour ses peintures.

Les lilas n'ont encore que de petites grappes ternes, mais, dans le jardin, trois cerisiers sauvages sont en fleur. Sous le ciel gris, ces bouquets de neige, légers, diaphanes et comme ailés, semblent gonflés d'intense pureté; et, par terre, tapis éclatant, les narcisses sont épanouis dans l'herbe.

J'ai planté ces narcisses à l'automne en pensant que leur pâleur de cierge serait belle sous les cerisiers fleuris; je me disais qu'en arrivant par cette allée, un matin, à la fin d'avril, on aurait la surprise de ce bouquet nuptial, drapé de blanc, au sol étoilé. Quand j'orne mon petit jardin, ce n'est pas pour moi; je pense à un être vague, qui regardera ces choses, qui aimera ces couleurs, qui sera content de ma trouvaille, et je partage son plaisir. Il faudrait que cette personne fût très exacte car le spectacle est court. J'ignore le nom de ce visiteur pour qui j'ai planté tant de fleurs, et qui ne vient jamais, heureusement, car il me dérangerait.

Un jardin n'est jamais fini, comme la prose. Il a toujours besoin de retouches dans le dessin, les couleurs. On dirait qu'il suggère lui-même ses corrections, sachant ce qu'il veut; mais si on le délaisse, il disparaît vite. Ainsi pour toute création. Si l'on veut un jardin, il faut y penser. L'action (ce mot si vague) est pensée pour une grande part – pensée bien concentrée et qui aura une sanction.

Si je me ruine pour des fleurs, au moins je me serai ruiné pour mon plaisir. Quel plaisir ? Demander à un homme ce qu'il aime, c'est la plus grave question.

Plaisir d'une marche fiévreuse, coupée de pauses ravissantes, allant et venant le long de cette foule de fleurs si drue, où je retrouve enfin ce que j'ai demandé à la vie, et que l'on peut appeler la beauté, sous sa forme la plus émouvante, ou volupté.

Sur ce mot volupté, comme sur le mot plaisir, il faut s'entendre. Vocabulaire tout personnel. Pour Epicure, la volupté, c'était un bol d'eau fraîche.

Celui qui saurait reconnaître les vrais plaisirs et qui pourrait les goûter, se contenterait de peu; il perdrait jusqu'à ce ferment de jalousie et de vanité, qui est plus tenace que la concupiscence. Il ne s'intéresserait pas à son voisin et ne songerait point à le surpasser et à le décrier; il n'aurait pas besoin de travailler sans cesse; il serait heureux chez lui.

Mais, jusqu'ici, la société a voulu des serviteurs infatigables, inventifs, insensés. C'est pourquoi elle leur a retiré jusqu'à la notion même du plaisir, en y substituant des appétits imbéciles, une espèce de furie pour les divertissements horribles, et cet égarement où retombe toujours la jeunesse.

Nous avons peu de goûts réels. Parfois, nous croyons aimer ce que nous détestons et nous souffrons de ce qui nous est bon; la sensibilité inconsciente complique beaucoup les sentiments. Il y a d'étranges méprises dans le bonheur comme dans le malheur.

Quand je veux juger la vie, je m'aperçois comme elle a glissé en moi, insaisissable et informe, presque toute perdue. Je ne questionnerai jamais un homme sur sa vie; il ne pourrait me répondre avec vérité. Je ne lui demanderai pas s'il est heureux; il n'en sait rien, et ce qu'il croit sa douleur ou son dégoût le trompe aussi.

Le bonheur n'existe que gratuit. Il n'est pas ressenti par contraste, ni obtenu par la volonté ou la sagesse. Si on a trop souffert pour s'en approcher, s'il vient trop tard, on a perdu le cœur léger et frais qui pouvait le goûter. On souffrira toujours.

Il arrive que le malheur bouleverse un être, ouvre en lui des portes secrètes, l'illumine. Mais le bonheur nous touche doucement, et nous le recevons tels que nous sommes, avec notre passé et notre caractère. Il n'y a de paradis que pour les anges.

Rien n'est absolument révolu, acquis, déterminé, ni l'affliction, ni le bonheur; tout est en suspens et en formation, perpétuellement corrigé par l'avenir. Ce qu'on nomme joie, injustice, douleur, ennui, félicité, est vrai pour un instant et pour un tableau borné, mais ne s'accorde point à ce mouvement malicieux et magique de la vie qui déroute la prévoyance, désole le sage et le contente, distribue des compensations en trichant, vise au cœur le plus heureux, redouble ses coups iniques sur le plus disgracié, puis fait refleurir la place piétinée et console toujours.

Chacun est fort content de soi, mais nullement de ce qui lui advient. Bien peu sont satisfaits de ce qu'ils possèdent; le plaisir actuel est mal goûté, et l'on ne sent vivement que les ennuis. La moindre contrariété paraît toujours étonnante et on la savoure sans ménager les soupirs. Pourtant l'homme est né dans le malheur et issu d'une lignée d'infortunés. Comment n'est-il pas accoutumé davantage aux déceptions et un peu plus endurci contre la malchance ? C'est le bonheur qui le touche difficilement, comme s'il était repu de ce côté.

Après des années d'horreurs, Paris ressuscita très vite sous le Directoire. L'historien nous montre toujours de charmants renouveaux après les sinistres. Mais le temps est rapide dans ses récits, et il faut penser que les mêmes ne sont pas de la fête et sous les ruines. Au regard des dieux qui voient les choses de plus haut encore je suppose que tout va bien sur terre.

Pascal a supporté avec une belle sérénité ses maladies, mais je n'aime pas sa ceinture de clous. Se délecter dans la douleur, c'est la pire concupiscence. Ce qui est bon, c'est le traitement de la douleur. Chercher toujours l'air respirable.

Sans un souffle, sans pluie, les feuilles tombent et c'est une autre saison, comme plus fixée, plus sombre, mais non pas dépouillée et au contraire tout enveloppée de brumes qui vous enferment dans des gris délicats, des tons de métal patiné où le vol des mouettes revenues sur le fleuve fait des éraflures blanches. Je me rappelle une impression semblable; je l'éprouverai chaque année à cette place au début de l'hiver, et devant cette image répétée, si prévisible, je sens l'affreuse stagnation de l'éternel.

J'ai marché au bord de la Seine par cette matinée de gel, entre des broussailles de cristaux. Les peupliers sur l'autre rive sont à peine dessinés d'un trait immatériel dans la brume. On devine le ciel bleu; les mouettes effleurent d'un vol blanc des fantômes d'arbres.
Ce paysage vaporeux, où tout est silence, pureté de givre, joie rose d'aurore, doit ressembler aux jardins du paradis. Les feuillages profonds avec leurs grappes d'ombres et de soleil, la rose qui s'effeuille quand on la respire, les beaux soirs, sont des choses de la terre.

Je ne sais ce que je respire de si excitant en hiver dans la fermentation colorée des forêts, quand une clarté triste pénètre les fourrés découverts; c'est comme une volupté spirituelle, un plaisir d'ascète.

C'est encore l'hiver, la nuit durcit la boue des chemins, un paysan dans son champ déterre des salsifis, et les femmes qui reviennent du marché rapportent un brin de mimosa sur leur cabas rempli. Mais des clartés plus tendres irisent la brume, et, le soir, un nuage gris est bordé de feu. Ce signe de la lumière, cette discrète annonciation, on l'oubliera dans la pluie et les déceptions de mars.

Un bon repas, l'amitié, la santé, l'amour, la propriété, sont les plaisirs du pauvre. Les riches ont d'autres satisfactions, austères, abstraites, dangereuses. L'homme puissant, les grands réformateurs, les poètes de la finance et de l'industrie n'éprouvent plus guère que l'âpre allégresse des destructions et des transformations.

J'espère que, malgré l'irrésistible progrès, chacun pourra conserver encore un petit champ. Ce n'est pas du tout l'avarice qui attache l'homme à sa propriété, c'est un amour singulier et subtil que je n'ai pu définir quoique je l'aie ressenti. Il tient surtout à la peine que donne l'entretien d'un coin de terre. Oui, l'homme est ainsi fait que c'est là son bonheur.

Dans mon jardin, tout est fugitif arôme et lueur d'un moment. Tout m'est dérobé et s'échappe : j'obtiens difficilement quelques fleurs aussitôt éteintes. En vérité on ne possède rien. C'est pour cela qu'on aime la vie.

On dit « la joie » et « la peine » comme s'il existait des sentiments si tranchés. On n'est jamais exactement heureux ou triste, et quand on poursuit « le bonheur » on court après le reflet d'un mot. Il n'y a que des ondes d'impressions variées qui se mêlent et nous traversent. Même la mort ne désigne rien de fixé.

Pour soi, la mort n'existe pas.

Cet homme et cette femme se sont aimés. Cela comprend tout, et, cependant, j'ajouterai : ils n'ont rien fait par devoir, ni sacrifice, ni résignation. Ils ont eu pour plaisir ce qui est vraiment délicieux, et ils ont su le discerner tout de suite. Un bon instinct les a dispensés de l'expérience. A la base du bonheur, il y a l'innocence : celle d'une nature bien constituée qui élimine par avance ce qu'il ne faut pas connaître. Est-ce tout ?... Non. L'homme qui habite là-bas n'a pas quitté sa terre, mais tout ce que je regarde de cette route et distingue si mal, l'herbe et l'oiseau, sont pour lui des relations anciennes, qui ont un nom et une histoire, car il fait sa perpétuelle distraction de ce charmant savoir. Est-ce tout ?... N'importe ! Même si je savais comment se compose un bonheur, je n'en pourrais tirer de recettes pour moi, ni pour personne. Rien de précieux n'est transmissible. Une vie heureuse est un secret perdu.

Les hommes seraient plus heureux si on leur parlait moins de bonheur. D'instinct, ils sont facilement contents et n'aiment pas à quitter la vie. Mais on les tourmente avec des formules, et on a vite persuadé chacun qu'il est malheureux, vide, inexistant, que son plaisir est abject ou illusoire.

Toute définition du bonheur est puérile et grossière. On aime la vie mais on ne sait pourquoi. Le principal pour un être est de s'exprimer. Le malheureux est celui qui recèle un mort. On peut étouffer sans dommage des velléités trompeuses, faux désirs dont nous sommes farcis; mais parfois, il y a en nous quelques rares volontés enracinées qui doivent se manifester. Nous demandons simplement à exister et tels que nous sommes.

Le jardin de mon voisin est minuscule mais on y fait toujours une découverte. Il y a des fleurs, simple prétexte à des massifs très ingénieux et entretenus avec tous les instruments appropriés. La femme bien portante et alerte, sans un cri, sans plaintes, gouverne les enfants et fait tout le jour ses travaux de fée. C'est la maison de l'ordre, de l'activité heureuse. Le bonheur ne demande pas davantage, un rien de plus le gâterait.

C'est le bonheur; mais il n'existe que pour moi qui le regarde et le comprends. Même incarné et tout matériel, le bonheur n'est qu'une idée, comme la mort.

L'homme est trop ignorant de la vie pour en disposer, et, lorsqu'il prétend assurer son bonheur, il se contente de trop peu. Heureusement, son instinct le sauve. Il ne pense jamais à son bonheur. Jamais il ne s'arrête au simple projet d'une entreprise, si doux à concevoir et à caresser, à l'esquisse qui est toujours réussie, au premier baiser, au pays qui lui plaît, au loisir qui permet tous les rêves. Il veut que la pensée prenne forme dans la matière, qui seule donne l'existence, avec tous ses risques.

Le goût du Français pour le bonheur n'est pas vulgaire. C'est un trait respectable, une façon modeste d'être exigeant. Ce penchant a de grandes conséquences. Les paysages de France, qui sont l'une des joies de la terre, furent conservés par des gens qui croyaient au bonheur.

Durant plus d'un siècle, un cyclone a ravagé l'humanité; il déracinait les êtres et les arbres, aplanissant tout, balayant vers les villes une foule excitée qui demandait la félicité à des machines. Le Français n'a jamais beaucoup donné dans cet engouement; il a gardé ses champs variés, ses petits jardins indépendants, et de vieilles mœurs qui lui semblaient bonnes, et des artistes irréductibles. Cette obstination contre le progrès dévastateur et la folle raison venait d'un instinct judicieux qui est peut-être l'instinct du bonheur.

Ceux qui naissent à peu près sains bénéficient de toutes les faveurs. Un petit défaut d'esprit, un grain de légèreté en trop, une faille dans l'organisme attirent des châtiments inexplicables. Les événements de notre vie nous ressemblent : cela double l'injustice.

Depuis plus de mille ans le Français est révolté. Tout homme a des doléances à présenter; mais en réalité aucun ne sait vraiment ce qu'il désire, ni ce qui lui est bon. Nos vœux sont inspirés de la mode et rarement de nos besoins, très obscurs quand on y pense.

L'humilité, vertu contre nature. La timidité est une humilité forcée et toute empoisonnée.
Que de timides chez les bourgeois ! Est-ce une malédiction sur cette caste ? Ces timides, c'est à peine s'ils respirent, un peu hagards, séparés du monde environnant et enfermés en soi. Trop close, la vie intérieure devient une maladie.
L'homme qui est né pauvre et demeure dans la pauvreté n'est pas aguerri. Une chair douillette et chatouilleuse, une gêne comme organique, une extrême ingénuité le séparent du monde.
Qui donc est à l'aise, les yeux ouverts, et familier avec l'événement ?

Connais-toi. C'est beaucoup demander. Se voir soi-même suffirait, et les rapports entre proches seraient moins embrouillés.

Toujours se reforme un nouvel avenir énigmatique. Le problème qui nous inquiétait hier est oublié. Il est dépassé par l'événement. En aveugle la pensée accompagne l'événement, ses bonds et ses révolutions.

Une conversation est lourde avec un homme dépourvu d'esprit, et qui ne saisit pas le sourire d'un mot ou sa gravité, les dessous, l'allusion, l'au-delà, et qui prend tout à la lettre.
Il faut beaucoup d'esprit pour comprendre l'événement. Pris à la lettre, il écrase. La vie est presque toujours au-dessus de notre portée.

Souvent on appelle la vie les bêtises que l'on fait.

Notre vie n'est pas formée de toutes nos émotions, ni de tous les événements de tous les jours, mais de ceux qui ont marqué et que nous avons retenus. Sans le vouloir, l'homme compose une vie à sa façon et en cela il est un artiste bon ou mauvais. D'instinct un bon artiste écarte ce qui n'est pas dans le sujet.

C'est un être bien curieux que l'homme, et que personne n'aura jamais vu. De l'extérieur, on l'aperçoit par incohérentes échappées et quelques facettes; en nous-mêmes, nous sommes égarés. L'homme n'est pas de ce monde. Rien de terrestre n'a marqué sur lui.
Soudain, il découvre que le sol n'est pas sûr, que des villes peuvent disparaître, que des civilisations s'effacent, que la mort est proche, et il est étonné !

Où donc a-t-il vécu jusqu'ici ? Quelle âme étrange lui ont fait ses auteurs ! Il ne pense que sous la perspective de l'avenir et de la durée; il ignore la mort; il croit au bonheur, à la justice; il est confiant, économe, parfois joyeux; tous ses instincts sont contre nature.

Un point est obscur : l'homme a toujours exagéré ses malheurs et fait le difficile.

Presque toujours l'homme s'affirme par réaction, par les compensations qu'il trouve à des manques, et ses insuffisances mêmes. Les rapports d'un être avec le monde extérieur, ce qu'il en retire, profit ou dommage, est chose personnelle, combinaison unique, très subtile et imprévisible.

Le mépris est un sentiment paisible, différent de la haine, jalousie, rancune, qui ont toujours quelque violence; le mépris est proche de la pitié.
Le seul pardon, c'est l'oubli; sinon, état instable. On pardonne suivant le jour; il y a de mauvais réveils, des apaisements trompeurs.
On n'en finit jamais avec une vieille querelle; même l'oubli n'est pas sûr. Il y a des maladies qui retournent la mémoire; ce qui a été longtemps supporté n'est plus tolérable.

L'ermite, dans sa retraite, fuyait-il les voluptés du monde ou ses ennuis ? Secret des ascètes en tout temps.

Le printemps est en avance cette année et un peu déréglé. Tout fleurit à la fois, les prés, le lilas blanc et ses grappes drues de cire immaculée, les cerisiers, les pommiers précoces qui perdent vite leur pointillé de rose, les iris éphémères, si ardents et graves, l'aubépine qui couvre un buisson de sa guimpe serrée. On découvre comme un lampadaire qui vient de s'allumer le marronnier en fleurs, ou bien quelque tapis d'ocre rutilant brusquement jeté parmi les jeunes blés couleur de jade.

La pluie manque depuis longtemps. C'est peut-être la famine qui mûrit dans cette chaleur d'été et ce parfum d'amande. Même un beau ciel nous fait sentir notre fragilité.

Dès le printemps, à Rochefort, la porte des maisons restait ouverte, et on apercevait à l'extrémité d'un couloir, derrière une seconde porte ajourée, des jardins étroits, des murs couverts de glycines. Bientôt les jalousies s'abaissaient, les persiennes restaient closes jusqu'au soir, et, au bout des rues, les arbres des remparts se détachaient en festons opulents dans une lumière nuancée en transparence comme par les reflets d'un arc-en-ciel invisible.

A Rochefort, les habitants stables de la ville, les vieilles familles vivaient retirées dans de petites pièces encombrées de meubles désuets, auxquels s'ajoutaient des objets exotiques, soies brodées, faïences d'or, dentelles d'ivoire, rapportés par un officier ou un matelot. Les femmes dont les maris étaient absents, parfois des années, sortaient peu. On reconnaissait à leur allure plus libre, à leurs aigrettes démesurées, celles qui étaient de la « colonie ». Des Chinoises à larges pantalons noirs, des Annamites menues, promenaient des enfants maladifs. L'hiver, des bals rassemblaient les jeunes filles en longues robes pâles, gantées de peaux de Suède. Elles glissaient et voltigeaient dans les bras d'officiers étincelants, agitaient leurs éventails de gaze, rêvant d'épouser des marins.

Au retour de ses voyages, Pierre Loti rentrait dans la maison de Rochefort où l'attendaient des êtres ardents et silencieux, des femmes actives qui s'obstinaient à retenir le passé. Par les routes abandonnées, bordées de fossés d'où se répand sur les prairies une senteur de décomposition végétale, il allait, la tête relevée, les yeux larges et inquiets, vers la Charente qui se gonfle aux heures des marées, puis s'affaisse, laissant sur ses bords une frange de vase blonde.

Suivant le vœu de sa mère, l'errant avait épousé Mlle Blanche de Ferrière, qui venait de la société la plus austère de Bordeaux. Elle cachait une nature vive, et s'était enflammée pour les romans de Loti et leur auteur.

Elle vécut comme une étrangère dans la maison de Rochefort, où tout était sacré : la famille, les objets du passé, les pièces nouvelles remplies de choses précieuses, et jusqu'au domestique, ancien matelot. Isolée par sa surdité, chez des gens qui ne parlaient qu'à voix basse, troublée par sa vue défectueuse, dans une maison pleine de recoins et de secrets, où le jour n'entrait que voilé, elle se tenait dans un clair salon Louis XVI, charmante en ses robes harmonieuses, sa douce dignité. Accueillante, intelligente, généreuse, elle avait tout pardonné, quand son esprit trop brûlant s'égara.

Femmes de marins. Femmes d'écrivains. Malheureuses, qui ont demandé à l'homme ce que la vie ne peut donner.

Pierre Loti me ramène à la société saintongeaise d'autrefois. Je revois les drames de la mort du père dans ces maisons où l'on avait si peu d'argent, ces femmes frêles sous leurs châles de deuil, nerveuses, surmenées. Têtes fatiguées, mais cœurs brûlants, belles tendresses, honneur farouche. « Les petites choses, comme les grandes occupent les pauvres mères », disait Nadia Viaud. On n'attendait rien de l'Etat. On acceptait le destin. Il est toujours grand pour l'homme, égaré de l'éternité, mal éveillé dans la vie.

IV

Gardane est un repaire de singes et le seul bois d'un pays désert. On achète des corbeilles de graines dans une auberge, au bord de la route, pour les offrir aux singes, et ils accourent à travers les branches comme une tempête. Le plus fort s'avance, s'attable et s'empiffre. Les jeunes, les femelles se rangent à distance, tant que les puissants sont en vue. Je me rappelle un vieux singe qui se gavait tout seul, sans même entendre une femelle qui l'implorait. Il ne songeait même pas à écarter l'importune d'un geste de commisération. Elle n'eut pas une graine...

Je contemplais ce vieux à l'œil soucieux et futile, si humain. Mais sa tranquille insensibilité me fit peur. Nous n'étions pas de la même race. Sûrement, le cœur, hors des relations directes avec la progéniture, est une invention de l'homme, et qui m'apparut ce jour-là comme sa marque distinctive, je ne sais quoi de précieux, qu'il faut entretenir et transmettre, sans doute pour quelque usage céleste, car son emploi, présentement, ne va pas sans mécomptes.

Avec son enveloppe de nerfs et de chairs malades et cette espèce de folie qu'on nomme la pensée, l'homme est inabordable. Pourtant, ce personnage fantasque, jamais pareil à un autre, est touché par le cœur. Là est le nœud de l'être, sa réalité, son vrai langage.

Hors de l'amitié, de l'amour et de quelques liens du sang, je ne veux pas savoir ce qu'on pense des hommes. Si on ne peut les aimer, qu'on ne m'en parle pas.

Le but de la vie, pour l'homme, est sa tâche, son œuvre, son art, ou encore chez les plus doués, l'accomplissement d'un dessein intérieur qui se passe de tout. On n'imagine pas sans effroi un homme qui aurait pour objet exclusif l'amour et une femme.
Et pourtant dans les pays où le sentiment décline, où la femme et l'amour sont relégués, quelque chose d'essentiel fait défaut, et il semble que l'homme a manqué le but.

Un cœur trop tendre souffre de la froideur d'un ami, de ses oublis, de ses pointes; il n'est jamais aimé autant qu'il voudrait ni de la bonne manière. Il n'est satisfait d'aucune relation humaine; il est le condamné aux conflits perpétuels, aux récriminations, à cette comptabilité sentimentale d'où ressort toujours la faute d'autrui.

Ce n'est pas une fiction que j'admirais en lui, mais nous étions liés par un sentiment qui exclut le médiocre. L'amitié ne supporte qu'une vision épurée qui est la vraie.

L'amitié ne connaît pas de vertus. Elle ignore la charité, la reconnaissance, le pardon, la bonté. Elle n'a pas conscience de ses bienfaits et de ses mérites. Elle est pure. Elle sait compatir sans bassesse, aider sans perfidie et se réjouir du bonheur d'autrui.

Il faut du temps, des ménagements et un peu de modestie pour avoir un ami. Le despote est seul; il règne sur son ombre. C'est la faiblesse de la volonté de puissance de ne pouvoir supporter un égal et de se borner à des victoires faciles. L'amitié vraie est très rare, comme l'amour. C'est une chance, si elle nous accompagne toute la vie.

Il suffit de savoir qu'elle existe et que l'homme en est capable. Presque toutes nos pensées vont à des choses que nous ne posséderons jamais.

Dans leur retraite, les solitaires ne fuient pas les hommes, car si d'aventure on vient les voir, c'est chez eux qu'on trouve un empressement heureux, un accueil du cœur, une parole ouverte, aimante, compréhensive, alors que tant de causeurs dans le monde, trop habiles et refroidis, ne disent rien.

Quelle douceur dans ces rencontres furtives, dans ce geste d'un homme qui peut tout exprimer avec si peu de mots, parce qu'il est votre semblable, sachant tout ce que vous savez !

Personne ne sent les choses comme nous; c'est par le cœur, le goût, l'essentiel de soi, que l'homme est seul. Personne même ne souffre comme nous; cela aussi est individuel. Le prochain est une notion très vague, qui se dissipe dès qu'on l'examine.

Mais le mot précis, le vocable abstrait et desséché : « le prochain », nous savons qu'il est vrai, qu'il a raison, qu'il répond à une réalité certaine, même si elle échappe à la pensée.

Une mince couche d'humus produit toute vie à la surface d'un globe mort. La vie est superficielle. Erreur immanquable d'une pensée trop pénétrante qui dépasse l'étroite zone fertile de la réalité où la vie triomphe – la vie persistante, oublieuse et légère, qui se contredit, bifurque, effleure, efface, laissant tout en suspens.

A mesure que l'expérience nous montre ce qu'il y a de grossier dans la morale sociale, et de noblesse à s'y plier, à mesure que nous détachons notre esprit de ces convenances, nous sentons l'importance de la vie morale, car elle est la pensée même. La véritable conduite de la vie est dans la pensée qui transforme toute chose. Un romancier ne peut décrire la vie sans l'interpréter; on lui demande un tableau signé. L'art dans la vie, c'est la morale.

Il y a une grâce, une cadence, une majesté de la phrase que l'écrivain soucieux de gloire emprunte au goût de l'époque. C'est par là qu'il vieillit. Le style qui a résonné avec trop de charme s'éteint. Le temps conserve de préférence ce qui est un peu sec.

L'homme ne manquera jamais de grands devoirs. Qu'il leur donne le nécessaire mais pas toute sa pensée! S'il est privé de foi religieuse, qu'il ne réclame pas l'équivalent à la société. La vie toute nue et un peu sèche est plus grande.

Le langage est plein de mystères. Les mots bonté et charité existent, quoique la société n'ait jamais permis d'être véritablement bon ou charitable. Un malheureux n'est pas secouru : il demande trop. Nous croyons à la bonté pour un geste vite refréné, une parole, un soupir. Sur cette terre, où toutes les victimes sont piétinées, comment s'est formée la frêle notion de bonté, comment le mot a-t-il subsisté, et même, chez beaucoup, une velléité d'esprit fraternel ? Un sentiment qui est plus puissant que la réalité, l'ordre social, l'intérêt, et que tout contredit, n'abdique pas et veut toujours changer le monde.

Il n'y a point de juges; nulle part. Ce qui n'est pas résolu par l'amour restera toujours en suspens.

Le monde est plein de braves gens qui ne voient partout que des gredins.

La même pensée exprimée en peu de mots ou longuement n'est pas du tout la même. Enoncer trop simplement ses idées risque de les faire passer pour négligeables.
Dans la vie, il y a une attitude discrète et fière, qui vous retire tout; il y a une vraie noblesse qui est perdue pour tout le monde.

Les progrès à venir échappent à notre imagination, et ceux que l'on peut voir, les biens que nous possédons, sont à peine remarqués. Ils ne comptent plus. Tout est disposé en faveur du pessimiste. Mais le pessimiste s'est toujours trompé.

L'homme ne sait pas goûter ce qu'il possède, ni même le voir, mais savoure le regret ou l'espérance. Peut-il vivre sans difficulté à vaincre et grande dépense d'énergie ? Ce qui est nécessaire au bonheur des hommes est plus obscur que la mort. Je m'étonne que le mot bonheur existe. D'où vient ce vocabulaire qui ne s'applique à rien de connu ?

Comblé par la gloire et la fortune, on éprouve quelque doute sur tant de succès et on va chercher de vrais motifs de contentement à l'abri des hommes, dans cette région intérieure où se replie, pour se consoler de l'injustice, celui à qui la chance a tout refusé.

Les sentiments viennent parfois d'un travers de l'esprit.

L'esprit serait plus souple s'il n'était parfois une projection du sentiment.

Il y a une sensibilité et une insensibilité, une surdité, des aveuglements produits par un pli de l'esprit.
En politique, ceux qui ont prévu les événements, les voient d'emblée quand ils se produisent; les autres ne comprennent jamais.

Le succès dégrise; le malheur enivre.

Le dernier retranchement du faible, c'est la méfiance. Là, il s'étrangle.

Je me dis que ce vilain hiver sera compensé par un bel été, que telle souffrance me sera comptée, que cette action n'est pas perdue, que ma bonté a un sens, que rien n'est tout à fait vain. L'homme est religieux. Mais si on traduit ses croyances en langage clair et en système, il ne comprend plus.

V

Souvent je reviens en pensée dans le coin de province qui m'a formé et où j'ai tout appris. Je me rappelle ces marchands de cognac de mon enfance, ces vieux messieurs corrects, à demi paysans, à demi Anglais, qui me paraissaient très ennuyeux et que j'ai fuis de bonne heure.

Quel fut le secret de ces vies étranges et très discrètes ? Actifs, exposés aux périls, indépendants, mais asservis aux convenances, indifférents à toutes les formes de la puissance qui n'ont guère de place dans une petite ville, doutant je crois de leur utilité mais sûrs de leur importance, ils soignaient amoureusement un produit parfait et le cédaient avec tout l'appareil des antiques coutumes de l'honneur.

Au lieu de replanter des vignes, après le phylloxéra, mon grand-père entreprit, dans un sol crayeux, une exploitation agricole variée et moderne. « Je n'ai rien vu de semblable, c'est la plus luxuriante des oasis », dit Ardouin Dumazet en 1903 dans l'un des soixante-treize volumes de son *Voyage en France*. Tout ce qui fait aujourd'hui la richesse de la Charente dans l'ordre agricole est venu de ces innovations, après quelques retouches. Je n'étais pas né, et déjà vers 1878, le téléphone, l'électricité, la machine à faire la glace, les moissonneuses, toutes sortes de machines, et les engrais chimiques, et les bestiaux nourris d'aliments étranges, s'émancipaient sur ces cinquante hectares de maigre terre; magie d'un vieillard féru de science et de nouveautés.

Il était le capitaliste, le propriétaire, le maître; mais il s'est ruiné dans ses expériences qui furent profitables à d'autres.

Il était le maître; du moins il le croyait. C'est une illusion chez beaucoup. J'ai vu la révolte de la création contre le créateur; la création qui veut durer et renverse le maître.

Dans ce branle-bas qui excitait tant l'espérance, il y avait une jeune fille qui s'appelait Ida et dont la beauté ressemblait à une lumière – princesse de lumière, toujours en robes blanches. L'été, devant la maison enveloppée de lierres, on l'apercevait sur la terrasse, profil pur de statue grecque, une vapeur de cheveux blonds comme une auréole, col allongé, épaules tombantes, des yeux d'aigue-marine presque sans expression, assez distants de la commune humanité, comme si elle appartenait à un autre monde d'essence supérieure, un monde où il était permis d'être enfant, non d'être jeune, un monde où l'on ne riait pas. Aux gens de son entourage elle parlait d'une voix affectueuse, et soudain, comme rêvant, disait avec hauteur des choses indistinctes. Quelquefois, relevant sa jupe de toile, elle conduisait ses amies à travers la laiterie qui ruisselait d'eau et de lait dans le bourdonnement des écrémeuses.

La laiterie, c'était le royaume de Jacques le Suisse, un homme très grand et très doux, les bras nus, roses, comme amollis par cette humidité.

Dans un pignon de la maison, recouvert d'ardoises au bout du long toit de tuiles, la fenêtre de la chambre d'Ida ouvrait sur les branchages d'un orme, le soir plein d'oiseaux qui avaient l'air de dormir avec elle.

Une nuit, un couteau à la main, Jacques le Suisse entra dans la chambre d'Ida. Ele jeta un drap de son lit sur la tête de Jacques le Suisse qui fut pris comme un papillon.

Il était devenu fou, peut-être à cause de toutes ces machines qui ronronnaient autour de lui.

Ida eut une longue vie, et il lui advint des choses qui n'arrivent à personne.

Cinquante ans plus tard, sans annoncer ma visite, je suis revenu dans l'ancien domaine de mon grand-père. Cherchant les nouveaux maîtres que je ne connaissais pas, je me suis approché de la maison. Un chien dormait à la place où jadis s'élevait l'orme trapu et noir dont le feuillage verdissait la chambre d'Ida. Sur un fond de prairies des vaches paraissaient immobiles entre les peupliers. La laiterie respirait encore d'un faible souffle un peu aigre, mais tout ce qui jadis s'ébrouait et ronflait dans les salles ruisselantes était silencieux, et fini le défilé des carrioles tintantes qui ramassaient le lait de vingt villages. Personne dans les champs, dans les allées; ce domaine semblait appartenir à des chats, à de majestueuses volailles très paisibles, indifférentes à ma présence et qui n'avaient pas l'air tout à fait vivantes.

La Charente n'a guère changé, pour le principal, depuis cinquante ans. Contrée bénie où l'homme est mécontent, comme partout. Un pouvoir local a modelé le pays bien plus que ne l'ont fait les ministres de la République. De ces marchands, de ces paysans, nous pouvons faire toute sorte de portraits, selon notre humeur. Je ne crois pas à ces figures faites de main d'hommes. Cette société avait un caractère humain, et j'entends le mot dans un sens étendu, comprenant l'à-peu-près de l'humain, la part de l'erreur du sentiment et de l'instinct. Cette société s'était formée lentement par les voies incertaines de la nature. Bientôt on réduira cet à-peu-près et ces fissures par où se glissaient, avec un peu de chance, les arts, la paresse, la liberté et autres merveilles. J'ai été formé par une société humaine. Elle laissait une place à ceux qui ne savent pas calculer, qui n'ont pas été de bons élèves, qui sont un peu distraits. Elle était dure pour les pauvres, mais cela aurait pu s'arranger si elle avait été mieux gouvernée, moins traquée par la politique, si les hommes n'étaient pas ce qu'ils sont.

Depuis cinquante ans la France n'a pas été gouvernée. Personne ne s'est soucié des intérêts du peuple français. Les Français ont eu pour maîtres ou idoles des hommes qui « faisaient la guerre » et qui se perdaient dans leurs victoires.

Je ne vois rien de primitif dans le peuple, surtout chez les femmes et en France. Ces femmes ont des sentiments plus contournés qu'une orchidée. Il n'y a que la nature pour former des objets aussi compliqués, des vertus ambiguës, une pureté morbide, de tendres cœurs un peu sauvages, pleins de replis et de nœuds, avec une goutte de venin. La nature humaine offre une piètre base à toute société. Il faudra changer la substance première. Les chimistes s'en occupent.

Une sévère éducation bourgeoise et chrétienne avait simplifié des êtres si mal venus; les convenances formaient de bons rapports entre les hommes. Des contraintes, depuis le berceau, imposaient l'idée d'autrui si difficile à concevoir et qui est l'essentiel de toute morale.

Ce brouillard, cette médiocrité dans les entreprises humaines, même privées; tout ce qui empêche les hommes de rien faire de bon quand ils travaillent ensemble, ces tares sont infiniment multipliées dans les affaires immenses de l'Etat et de toute organisation sociale. Gabegie, du moins en France, c'est le dernier mot des révolutions, au nom de la justice, de la paix, du bonheur.

Nous ignorons ce qui est exactement matériel, là où commence l'esprit, et quels instruments lui sont encore nécessaires. Donner un champ à Virgile, c'est lui restituer son âme. L'activité mécanique accompagne l'effervescence spirituelle, et, dans une civilisation assoupie, tout dort. N'est-ce pas une activité bien éloignée de la matière, inconsciemment désintéressée, hasardeuse, héroïque, que le simple travail de chacun, prodigué au mépris de la vie et du bonheur, pour un but obscur ?

Je me méfie de ce qui nous est offert comme purement spirituel : là se glisse le pire matérialisme, l'idolâtrie intérieure. Je me méfie aussi des remèdes prompts. Les voies de la vie sont lentes, rudes et injustes. L'action de l'homme est humble, presque sans espoir. J'admire cette humilité de l'action, la seule qui soit vraie, car dès que l'homme pense, il se vante.

Dans la foule des artisans du Moyen Age et parmi les vagabonds, on voit poindre l'étrange figure du bourgeois, faite de contrastes et qui ne cessera de grandir. Il s'est évadé de la terre féodale où l'on a toujours un maître, et il demande la liberté à l'argent que l'on peut cacher, à la ville où l'on passe inaperçu. Indépendant, discret, dissimulé, il aime la sécurité mais vit de risques; casanier, mais coureur d'aventures dans le réel, il couvre le monde de ses entreprises; et enfin, lui qui aime ses aises et la tranquillité, qui a consolidé la famille, son meilleur abri, sa cachette, sa descendance, y introduit l'amour.

Les hommes, le succès, les grades, sont à peu près répartis au hasard. Rien ne distingue le vrai mérite. Même l'estime des meilleurs suit la mode. Personne n'est exactement à sa place. Cela vaut mieux. Une stricte justice serait intolérable. Pour un avantage douteux, elle abolirait de précieux privilèges, elle empêcherait ces erreurs qui font que chacun se marie, trouve un ami, un emploi, et conserve cette dose de vanité et ce goût unique de soi-même qui attachent à l'existence.

Nos entreprises ne sont jamais adultes; dans l'exubérance ou la maladie, elles nous appellent toujours. Nous les avons créées, il faut les subir.

On croit agir, on est entraîné.

Pendant le IXe et le Xe siècle le peuple français était strictement agricole et très pauvre. Chacun consommait ses produits, il n'y avait pas de marchands faute d'acheteurs, pas de monnaie, et cette société, pratiquant par force l'ascétisme chrétien, vivait selon les principes de l'Eglise, qui non seulement interdisait le prêt à intérêt mais réprouvait le profit sous toutes ses formes. Au Moyen Age, pendant le brillant XIIe siècle, un grand courant de négoce s'établit à travers la France entre l'Orient et les Flandres. Alors, on veut s'enrichir, on va aux foires, on aime les jets d'eau, les volières, les beaux tapis, les romans d'amour et les vers latins. L'Eglise dut s'accommoder de ces bons vivants, de ces fidèles indociles qui n'ont cessé depuis d'aimer avant tout le profit, ou la guerre, ou la volupté, ou la rhétorique. Elle a fini par les absoudre.

Dans le Sud-Ouest, entre Limoges, Bordeaux et Marennes, tout le monde vit d'une production de luxe, de ses annexes ou de ses infiltrations. Ainsi dans la France entière. Toute chose française est objet de luxe, depuis la soupe paysanne si raffinée, jusqu'à la belle plume de quelques écrivains.

Tout est secrets dans les industries et les commerces du Sud-Ouest. Ce n'est pas l'argent qui rend maître du secret; c'est le secret qui donne l'argent et qui a ses favoris. Ce n'est pas la raison et la justice ni même la science qui ont fait le vin de Bordeaux, le cognac, la belle porcelaine. C'est un secret.

L'empire du fait qui avait porté si haut notre civilisation est à peu près ruiné par un mauvais usage de la raison.

Au restaurant, vous demandez une bouteille de Château-Laguné. Vous regardez l'étiquette, la signature, et soulevant votre verre vous respirez avec confiance l'arôme de cette lourde fleur. Rien ne prouve que vous buvez du Château-Laguné. Cette bouteille et le fût originel ont longtemps dormi chez plusieurs marchands. Croyant à une signature, chacun était persuadé qu'il possédait du Château-Laguné. Ce n'est pas absolument certain. En ces matières si concrètes, le positif se dérobe, et tout repose sur la foi, l'honneur, des écrits, de bonnes mœurs qui peuvent s'évanouir.

A Bordeaux, le lustre des négociants en vin du quai des Chartrons ne tenait pas à leur fortune qui même autrefois était modeste, mais à l'ancienneté de cette confrérie. Le temps les avait pénétrés de bonnes mœurs commerciales, qui relevaient leur état, et dont ils n'auraient pu s'affranchir sans déchoir.

L'activité la plus banale se transfigure lorsque l'homme est personnellement engagé dans la durée. Alors, le désir du gain perd son âpreté et parfois se résorbe, l'argent n'est plus que symbole ou contrôle, le profit est détourné de son objet immédiat; et des satisfactions, des ambitions d'une sorte autre se font jour; une abnégation de créateur ou d'héritier remplace la féroce convoitise; l'intérêt personnel est transposé en dévouement inconscient à la communauté; l'homme se dépasse lui-même, ennobli par son ouvrage.

Dans les phases de bouleversements sociaux, on rencontre des héros; mais il n'y a plus d'artistes, il n'y a plus de morale. L'homme se défait dans le momentané.

Sans morale, il n'y a plus de vin de Bordeaux, ni de style. La morale, c'est le goût de ce qui est pur et défie le temps; c'est le mépris du relâchement.

Il n'y a pas de morale sans bonnes mœurs, ni de bonnes mœurs là où manque le sentiment de la durée et de la responsabilité personnelles par l'entremise des actes et des choses.

La forme de nos pensées, c'est notre morale.

L'artiste croit à la qualité et suppose un expert capable de la distinguer. S'il consacre à son œuvre toutes ses heures vivantes, c'est qu'il veut produire un objet durable, de belle matière, avec son juste poids de pensée. Pour l'apprécier, il n'y a point de règles, ni de juges. L'artiste croit à la règle, au juge, à un semblable digne de son plus grand effort, de son souci méticuleux, de ses scrupules superflus. L'objet auquel l'artiste, comme l'artisan, a donné la meilleure forme est sa plus haute expression d'amour, ou, plutôt, c'est l'image de sa plus haute confiance dans l'homme.

Ce n'est pas le sentiment de l'utilité qui nous attache si fort à notre tâche et à nos créations : nous ne sommes pas assez clairvoyants pour discerner ce qui est vraiment utile. Dans l'amour pour notre ouvrage il entre du mystère.

Sauf la souffrance physique, tout est imaginaire dans la vie : fortune ou infortune, nos parents, notre maison, la mort. Dans l'action ou les plaisirs l'homme est emporté par son imagination – une imagination qui se dévore elle-même et se reconstitue sans cesse; d'où son instabilité.

La création artistique est un arrêt, une élection comme l'amour; elle suspend la vie, elle impose la fixité à l'imagination. L'artiste prend conscience de la vie par la concentration et le recueillement. Il crée le réel.

La littérature n'est pas destinée à beaucoup. Elle n'est pas toujours de saison. C'est un luxe.

Quand les hommes sont hargneux, ils s'en prennent au luxe. Ils répudient l'achevé, l'excellent, le rare; ils mettent leur espoir dans l'informe et le vagissant.

Tout ce qui compte dans une civilisation est venu d'infimes minorités. On peut écrire encore pour ceux qui savent lire.

L'art d'écrire est dans l'expression. Saisir l'objet, à quoi se ramène le style, vaut pour la pensée.

Le style a sauvé ce qui dure, qu'il soit ample ou bref, vibrant ou incisif. Un écrivain qui écrit mal, ce n'est pas grand-chose.

Il n'y a pas un bon style d'autrefois et un style pour demain; le style vient toujours de la même source.

L'accent de la prose, c'est l'intime philosophie de l'homme; son secret. Pour lui-même, secret.

Dans le style le plus simple que la phrase soit vierge. On veut une neige fraîche où personne encore n'a marché.

Toujours j'ai été frappé par le surnaturel le plus humble, l'amour par exemple.

Quelle chose étonnante que l'homme! Voilà, je crois, ce que j'ai voulu dire dans mes romans. Je l'ai dit de mon mieux, avec beaucoup de respect pour le langage qui est aussi un mystère. Je n'ai rien écrit que je n'eusse pleinement senti, même à mon détriment. Ce n'était pas grand-chose, et je m'étonne d'être lu.

Le difficile est d'éviter l'excès, je veux dire de ne

pas abuser de ses amours ou de ses haines. Le cœur humain n'est pas fait pour le grand style.

Désormais, renonçons aux nouveautés dans la forme; mais l'homme approche difficilement de lui-même. Là sont les nouveautés. Le seul progrès est dans l'être même : un mûrissement, des rapports plus directs avec soi-même.

La vie obscure de l'auteur et celle de son œuvre se confondent. Du moins telle est la particularité du roman français qui demande certains contacts de l'homme avec lui-même, des avances de sa part vers ses profondeurs – hardiesse qui fut très tôt chez nous la marque de génie.

Il me semble que toute œuvre de moi, ou la moindre page, a pour origine une émotion à peine distincte, léger tressaillement dans la chair pareil au frémissement de la baguette du sourcier : là, il y a une source. Alors, on creuse. Chacun a ses propres sources, singularité essentielle. Ce qui appartient à l'imagination ou à la réalité, on n'a jamais pu le savoir.

Autant que les dons importent les manques : comment on ruse avec les manques. Au fond de toute originalité, il y a un défaut.

Un tour de l'esprit a dévasté la littérature française : goût du paradoxe; répulsion cachée pour la qualité franche, le talent accompli; tendresse pour tout ce qui est mal venu, bizarre, niais, abscons. Les éditeurs ont fait le reste, perdant le sens de leur mission qui est d'être un barrage.

J'ai cherché dans les cœurs, dans les choses, une présence que j'appelle « la vie ». Où est la vie ? L'amour est l'ennemi de la vie. L'art est l'ennemi de la vie; l'intelligence aussi. Mais au milieu de tous ces ennemis on est au cœur de la vie. Elle n'existe que par ce qui la dévore.

Pour inventer, l'esprit a besoin d'excitant. Le danger, les voyages, l'amour, la surprise, renouvellent l'imagination. C'est par la pression de l'événement, le coup de force de la nécessité, l'explosif d'un tourment, que l'impossible devient réalité, puis tradition. Presque tous les perfectionnements sont venus de la douleur, des crises, des obstacles.

La paresse est nécessaire. Il faut la mêler à sa vie pour prendre conscience de la vie; elle est notre liberté; toute la sagesse de l'Orient s'y ramène. Mais une force qui nous surpasse impose d'agir ou d'aimer.

Presque tous les hommes d'action que j'ai vus aux premiers postes m'ont paru des malades. Une infirmité, et plus spécialement une distance du réel et l'impossibilité de jouir de la vie, produisent souvent les artistes, les savants, les grands chefs d'entreprises. Ils sont créateurs de vie faute de savoir en user. Ils n'existent que par leurs œuvres, qui ressemblent à ces appareils compliqués à travers quoi certains insectes s'alimentent ou respirent.

L'homme construit. L'individu n'existe pleinement que par ses constructions qui l'absorbent et tendent à l'impersonnalité. Il est porté par l'œuvre qui le dépasse. Ephémère, il s'inscrit dans la durée – des fantômes de durée. Hors des voies où les efforts peuvent se fixer un moment, s'additionner, prendre une forme, l'homme est perdu. C'est toujours une voie étroite. A quoi tendent l'émulation forcenée des créations et des recherches, sans cesse effacées et dépassées, le don de soi sans retour, l'inconsciente fraternité du travail, la lutte qui est collaboration ? C'est le risque gratuit, la tentative incertaine, sans masque, sans récompense, la rude et haute épopée de ce temps, sa froide dignité spirituelle.

Toute civilisation a paru décrépitude et folie à ses contemporains. Les patriotes reprochaient à Périclès de dilapider le trésor de guerre pour bâtir des temples. Si on en croit le soupir des connaisseurs depuis Gœthe, Rome a toujours été ravagée par les barbares ou par les architectes. Il reste une belle ville.

La concupiscence, c'est l'action. L'attachement à la vie par les créations, c'est le vrai désir terrestre que l'Eglise n'a pu réduire. Sur notre continent l'homme n'a jamais renoncé à la terre.

On voit s'évanouir tout ce qui a paru stable ou qui fut si ardent; mais notre être n'est pas frustré par ces défaites, comme à peine solidaire du monde extérieur dont il semblait rempli. Un mystère enveloppe ce qui est, ce qui n'est plus, l'action, la pensée, et nous persuade que rien n'est vain, même si tout est perdu.

Les empires et les civilisations sont toujours en train de se défaire et de se reconstruire; c'est un rythme de la vie qui nous est familier, et sans doute la respiration de notre univers, à laquelle participent également celui qui s'élève et celui qui tombe.

Les progrès matériels permettront d'aménager mieux la planète et de supprimer les fléaux, lorsque les sociétés seront plus sensées; alors, il se peut que l'homme goûtant la vie sans trop de gêne et d'alarmes s'aperçoive qu'elle offre tant de joies et de douleurs emmêlées, tant d'occasions, si l'on peut dire, d'épuisement, qu'ayant vécu un peu il désire mourir, et que Dieu même ne lui parle pas.

Je n'ai jamais vu que des situations sans issue, des causes perdues, des sacrifices inutiles et des gens pleins d'espoir. Sans doute, l'espérance a raison... L'espérance ! C'est incroyable depuis le temps qu'il y a des hommes.

Bientôt, certaines formes de la vie sociale, des habitudes, des principes, des sentiments invétérés auront disparu. On peut tenir pour défunte la société où nous avons vécu. Si on l'évoque dans les siècles futurs, elle apparaîtra comme un instant charmant de l'histoire des hommes. On dira : « C'était le temps où il y avait encore des riches et des pauvres, des forteresses à prendre, des degrés à gravir, des choses désirables assez bien défendues pour conserver leur attrait. Le hasard était de la partie. »

VI

DANS ma jeunesse j'ai eu pour ami le peintre Antoine qui habitait Buc-Chalo au bord de la Seine. Il connaissait Claude Monet et un matin de mai, en 1925, il m'emmena avec lui à Chavigny.

C'était une belle journée toute brillante. Nous avons traversé la maison de Chavigny, conduits par une domestique, et j'aperçus Claude Monet vêtu d'un costume de toile blanche, sa barbe blanche, son chapeau de paille; il se tenait immobile dans une allée, observant une bordure d'iris en fleurs, sans voir Antoine qui s'approchait de lui. Discrètement, je m'écartai par un autre chemin; je les regardai de loin causant ensemble et je compris à leurs gestes qu'ils parlaient du jardin.

Ce jardin, c'était la passion de Monet. Après les années de misère, il le composa comme un tableau, en grandes masses de fleurs d'une seule teinte, les plus communes ou les plus rares, tableau vite détruit, aussitôt renaissant par larges touches de couleurs vivantes.

A présent, ce que j'ai vu ce jour-là et les récits d'Antoine se confondent un peu. Je ne me souviens plus si vraiment j'ai remarqué les bourraches que Monet disposait sous les arbres pour accuser le ton bleuté de l'ombre dont il a été l'inventeur mais je me rappelle très bien les pavots d'un gris ardoise et les azalées. Passant sous les clématites, voiles flottants suspendus à de légères armatures de métal, je rencontrai un jardinier en blouse bleue et je lui demandai le nom d'une admirable rose simple que l'on ne trouve plus aujourd'hui et qui fleurit la première.

« C'est un rosier Mermaid », dit-il.

Parmi les aubriéties, tapis violet, les doronics du Caucase semblaient déverser un grésil de paillettes d'or; mais je songeais à la maison que nous avions traversée, garnie encore de lambris jaune pâle et d'estampes japonaises; la mort et l'absence l'avaient dépeuplée. Jadis, elle était pleine de jeunes gens et de jeunes filles autour d'une femme adorée; de tout ce monde dispersé, seul demeure un vieillard en blanc dans des champs de fleurs.

Plus loin, il y avait l'étang des nymphéas, un bois

de bambous énormes, des saules si délicatement échevelés; là se livrait le combat de l'art contre la mort.

Le voyageur qui n'avait jamais fini de scruter la lumière, contemplateur panthéiste de l'univers, peintre de la mer, de la Creuse, de Venise, des ponts de Londres, pendant vingt ans était revenu chez lui s'hypnotiser devant ce trou d'eau. Dans l'étang connu et toujours étudié, inlassablement reproduit sur les grandes toiles qui tapissaient l'atelier près de la maison, et où se jouait, parmi le reflet des arbres, la féerie du ciel et de l'eau, il avait trouvé ce qui fut pour lui le dernier mot des choses.

*

Aujourd'hui, on ne connaît pas les tableaux d'Antoine, et lui n'a pas regardé les peintures de son époque; il a toujours recommencé le même tableau dans les tons mauves et brouillés au bord de la Seine.

Jeune encore, il acheta à Buc-Chalo, près de Conflans, au bord de la Seine, une maison délabrée qu'il n'a jamais fait réparer. Le parc, dans sa partie basse, longeait la route. Un petit bois de pins dominait le fleuve; on y accédait par un escalier creusé dans une haute paroi de gypse. La maison n'avait pas été habitée depuis longtemps; autour, le jardin était rempli de lierre et de broussaille; un bassin et deux cèdres en formaient le centre, une grille voilée de bambous le séparait de la route.

Longtemps, Antoine a respecté ce fouillis de feuillages, ajoutant à celui de la maison des meubles de tout âge, des collections de pierres et de brocarts, des aquariums illuminés, où des poissons couleur d'opale semblaient nager avec des écharpes de soie, le tout amoncelé en désordre; je n'ai jamais su exactement où il dormait dans ce bric-à-brac.

Je ne puis juger le talent d'Antoine, si opposé à l'esthétique du jour. Sa passion de peintre me suffisait. Il y a quelque chose de fascinant dans un goût tenace et toute création; on dirait une prière.

Quand je venais de Lisy à bicyclette pour lui rendre visite, c'étaient les hauteurs de son jardin qui m'attiraient. Sur le plateau en légère pente, couché sous un pin, je regardais les vapeurs de cette étendue, belle en toute saison, ces gris tachetés de rose qu'Antoine a toujours voulu fixer, et le grand mouvement du fleuve et du ciel.

En 1925, ce paysage était encore respecté. A cette époque, Buc-Chalo fut peuplé de Chinois, d'Italiens et d'Arméniens; il y en avait de riches et de misérables. L'une des familles d'Arméniens, la mère et ses trois filles, se promenait souvent au bord de la Seine, s'arrêtant devant la grille du jardin d'Antoine.

La plus jeune des trois filles était jolie. Elle se nommait Péga. Elle était grande, brune, onduleuse. Chez Péga, tout était grâce et lumière : son babil, sa timidité, ses petits yeux rieurs.

Une exposition coloniale venait de finir à Paris, et Antoine acquit à bon compte les plantes de son choix qui avaient servi à la décoration des pavillons. Une équipe de jardiniers et d'ouvriers retourna le sol, transporta des tombereaux de terre de bruyère. On vit, chez Antoine, un foisonnement de fleurs entre les lourds branchages des cèdres.

Péga entra dans le jardin, comme appelée par ces parfums et ces arbustes en feu.

Antoine lui montra le bassin et son léger pont de bois garni de glycines, la maison, les brocarts, les tableaux de Monet; ils montèrent ensemble jusqu'au plateau, sous les pins. Antoine ouvrit pour elle la cabane qui contenait le grand télescope, comme un canon pointé vers le ciel. Il lui permit de venir le soir regarder les étoiles.

L'année suivante, ils étaient mariés, Antoine

continuait de peindre, Péga essayait de mettre de l'ordre dans la maison. Ils ne voyaient personne, et je cessai quelque temps mes visites, obligé par un nouveau métier d'habiter Paris.

*

Antoine a vu deux guerres, un grand brassement de la société, l'aube des temps futurs, bien d'autres convulsions; comme moi, il a connu des temps historiques, mais si je considère cette époque à travers lui, il me semble que rien de tout cela ne s'est passé. Trois mois, en 1940, il est retourné chez son frère, en Dordogne, où il a bu beaucoup de lait; voilà tout. Sa vie durant, il n'a cessé de peindre à Buc-Chalo. C'est une tout autre histoire qui fut la sienne, que lui-même n'aurait su conter; ni moi, je le crains.

Antoine était un homme sensible; mais sur le mot sensible, on ne s'entend guère. Il avait une excessive irritabilité des nerfs, toute superficielle. Les crispations sourdes qui montaient jusqu'à son front, provenaient d'un sentiment mal défini, ou d'une idée souvent fausse; en somme une idée plutôt qu'un sentiment. Par certains côtés, Péga le heurtait imperceptiblement. Elle était quelquefois un peu agaçante. Tout à coup, Antoine changeait de visage, comme si un grand malheur venait de l'atteindre. Le motif était trop ténu pour s'en expliquer. Il souffrait de la personne même de Péga, ignorant la cause, l'aimant toujours; plus il en souffrait, plus il l'aimait.

Elle s'en aperçut sans comprendre et inventa des raisons qui compliquaient davantage ces choses confuses. Entre eux, la parole n'avait plus de sens.

Elle se crut méprisée parce qu'elle était Arménienne. Une simple piqûre en un point secret de l'amour-propre mit en mouvement un appareil de défense et de vengeance, une effrayante machine de guerre qui ne s'est plus arrêtée. Elle engraissa, elle devint laide et tout à fait écervelée. Elle se considéra comme une étrangère, à Buc-Chalo, elle se disait maltraitée, épouse d'un homme cruel, baroque et haïssable. La jalousie universelle, le bavardage affolant, les crises de nerfs, le sentiment démesuré de ses propres mérites, le privilège qu'elle avait de ne pas savoir ce qu'elle disait se compliquaient de maladies qui, chaque année, changeaient de place.

Le jardin abandonné était revenu à son état primitif, tout recouvert de viornes; seuls les iris continuaient à fleurir dans les broussailles et les herbes.

Après une nuit presque sans sommeil, Antoine emportait son attirail de peintre, un repas de cantonnier dans son sac, et s'en allait toujours un peu plus loin au bord de la Seine, en toute saison, s'installant près d'un abri où parfois je lui rendais visite, connaissant ses refuges. Il peignait et songeait à Péga.

Quand je le voyais rentrer chez lui si empressé, comme Claude Monet retournant à l'étang familier, je me demandais ce que les hommes peuvent appeler la liberté, et s'il fallait admirer cet accommodement mystique aux choses insupportables. Quitter Péga ou chercher un secours dans la moindre infidélité est une idée qui ne l'a jamais effleuré; il l'aimait encore, et jusqu'à la fin, il a cru que l'obstacle qui les séparait tenait à un faux pli du cerveau, un rien qu'il saurait dissiper.

Ce drame des caractères n'avait pas la simplicité que j'ai d'abord supposée. J'ai pu croire que la douleur était leur lien le plus fort et comme un besoin de leur nature; et, aussi, que la bonté d'Antoine venait d'un laisser-aller sans espoir. J'ai bien vu que son désir, sa volonté chimérique fut de rendre confiance à cette victime, de retrouver la femme du premier jour, la vraie Péga qu'il sentait toujours vivante, comme sa beauté d'autrefois, disparue à mes yeux, mais présente pour lui.

Je l'ai mieux compris après la mort de Péga. Antoine continuait à peindre et rien ne changea dans sa vie. Il ne parlait jamais de Péga, mais elle était sa constante rêverie.

Cet amour demeura mystérieux pour moi, comme la foi chez certains, qui est leur secret et leur vérité.

Enfant, Clotilde ne se plaignait jamais. Elle désirait la souffrance. Sa nature sensuelle ne la gênait pas. Se vaincre soi-même, c'était sa volupté.

Soupçonnant chez sa fille la vocation de carmélite, Lorin de Boussac l'emmena en Malaisie, quand elle eut dix-sept ans, pour la distraire et lui donner le goût du monde. Ils habitaient un bungalow sur la plantation de Batangara dont Lorin de Boussac était l'un des administrateurs.

C'est à Batangara que Clotilde rencontra Scaeffs, sorte de géant, brun de peau et de prunelle, avec un regard qu'il vous plantait droit dans les yeux, un rire d'enfant sur des dents claires, de grandes mains maladroites et innocentes. Auprès de lui, elle se sentait fragile et comme d'une autre substance. La sensation d'évanouissement qu'elle éprouvait à ses côtés et l'attrait obscur de ce grand corps se mêlaient à de l'antipathie pour Scaeffs. Elle détestait son accent, sa façon de manger et de tenir son couteau comme un porte-plume, son esprit prudent et pratique, un peu lourd, si vif dans le calcul mental.

Après quelques parties de tennis, ruisselle dans les salles de bain l'eau des jarres. On se retrouve sur la véranda, frais dans des sarongs de soie. Comme les garçons, Clotilde porte le badjon blanc, manches roulées aux coudes.

« La fumée chasse les moustiques, disent les jeunes gens autour des tasses de thé, et ils l'enveloppent d'un encens de tabac blond.
– Toujours la même saison, dit Clotilde. Ce pays ne ressemble pas à ce que j'attendais. Il est sombre; il est pesant. »
Des nuages gonflés sur la jungle; une grosse pluie, puis tout fume. La jungle est une ennemie; elle vous prend et ne se donne pas. On respire une odeur âcre qui sent la fièvre, la fleur et la bête. Et partout l'huile de klapa et la sueur sur les peaux noires.
Près du bungalow, un flamboyant flamboie sans feuille de toutes ses corolles vermillon; un sandiran porte plus haut encore ses duveteuses houppettes roses.
Clotilde reconnaît maintenant, détachés des proches crépitements, la voix du crapaud-bœuf comme un petit chien qui jappe à la lune, et la gamme plaintive et toujours montante des singes ouas-ouas.
Des boys chinois allument les lampes à pétrole et relèvent les stores; on entend le glissement des moustiquaires sur les tringles, autour des lits. Les planteurs s'en vont dans un vacarme d'autos et de motocyclettes.

A l'heure où les montagnes se rapprochent, bleues au-dessus des arbres, Clotilde se promène avec Scaeffs sur la route de latérite rouge, et flaire une étrange nappe d'odeur.
« La panthère noire a passé là », dit-il.
Pas une fougère froissée, pas une palme remuée.
« Vous avez peur ?
– Non. »
Mais elle vient contre lui, si près qu'il passe un bras autour d'elle.
« Vous n'avez pas peur de moi ? »

Lorsqu'un jeune homme a posé ses lèvres sur le visage d'une jeune fille, elle devait l'épouser, pensait Clotilde. Délivrée du saisissement aigu que lui avait donné ce baiser, elle se retrouvait sur la voie ferme et familière du devoir. Elle épouserait Scaeffs qui demandait sa main, sans considérer ses propres sentiments. Elle se marierait comme on entre au couvent et prierait pour lui.

Lorin de Boussac lui dit :
« Ma fille, tu fais une sottise. »
Mais il croyait au destin et prétendait que la vie est la même dans toutes les conditions. Sa femme était morte jeune, victime de cette philosophie.

Malgré ses prévisions toujours bien méditées et ses calculs, Scaeffs s'était trompé sur la fortune de son beau-père. Lorin de Boussac appartenait à cette caste de riches désenchantés qui n'ont plus soif de richesses et ont perdu la juvénile ardeur pour les entreprises, recherchent les placements sûrs, deviennent jardiniers ou amateurs de tableaux, et laissent tout péricliter en souriant.

Bientôt Scaeffs se trouva devant une femme pauvre, haute comme les jambes de son mari, qui ne lui parlait pas et priait tout le jour.

Quand elle eut un fils, Scaeffs partit pour la Hollande, et elle ne le revit jamais.

Je me souviens d'un couple de Suédois (je crois) dans le coin d'un wagon. Voyage de noce, sans doute. Une toute jeune femme, presque une fillette (vingt ans); elle dormait contre l'épaule de son mari; brusquement se redressait et regardait à travers la vitre, ou bien lisait un roman, riant durant cette lecture, comme font les Anglaises toujours si intéressées par un roman (des Anglais peut-être). Lui, un vieux savant et cet air de candeur que donne un métier si honnête. On comprenait qu'il ait pu séduire ce gentil oiseau blotti contre lui; ce n'était pas offensant à voir, de ce côté. Lui, m'étonnait. Comment supporter à son âge ce babil, cette ingénuité si ardente ? Tout cela, je ne sais où cela se passait, dans quel train, quel pays, quelle époque; mais l'image du couple m'est restée dans l'esprit, la petite regardant par la vitre, sa frimousse, son rire.

Savigny, dans le Morvan, est un village de vingt maisons connu pour une auberge où l'on mange bien. On y rencontrait quelquefois une belle fille.

Elle avait vingt-cinq ans. Elle était encore l'enfant de la maison; elle faisait des gâteaux, des bouquets, des robes. Vraiment une princesse qui avait l'air de jouer à la paysanne. A certains étages de la société, une jeune fille élégante, bien élevée, qui a du tact, de la distinction et un beau visage, ce n'est pas une grande surprise; dans un village perdu, cela étonne.

L'éducation s'explique. Aujourd'hui, il n'est guère de tradition morale, chasteté, tenue, honneur que dans quelques familles paysannes, surveillées par une opinion publique sans charité. Mais un certain grain de la chair, la noblesse et le naturel, une improvisation juste de tous les mouvements, ne sont pas choses ordinaires dans ces familles rurales. J'ai toujours été séduit par ce côté mystérieux des êtres, l'accident, le don pur, ce qui n'est pas légué, ni appris, ni imposé, ni même voulu.

Pour moi, elle était parée de son origine rustique, eau de source filtrée dans les profondeurs du sol.

Les coutumes de son esprit s'opposaient aux miennes; nous ne parlions pas la même langue. Cependant, elle m'était parente et je sentais cette fraternité dans le plus secret de sa personne physique. Une chose de l'esprit et située assez haut portait dans sa conclusion le désir de lui prendre les mains et de la serrer contre moi.

Je me disais : c'est une faveur en ce monde que d'être enchanté; il faut la saisir et même y ajouter un peu. Soudain, je découvrais la lumière dans les prés fauchés et calmés, je m'arrêtais pour regarder les chênes qui sont toujours remplis d'une espèce de nuit. J'ai goûté cette saison tout projeté dans le présent, sans mémoire et sans âge, comme si ma vie brûlait en un moment dans ce pétillement d'un soleil de juillet.

La salle de l'auberge était basse, ombreuse sous les volets clos, traversée de rayons aveuglants; elle entrait, blonde et fraîche, avec une gravité un peu rêveuse, et j'étais fasciné par ses mains adroites, le geste sûr dont elle maniait les objets du bout des doigts, avec une science pleine de grâce et qui semblait chez cet être un peu séraphique une façon ailée de toucher terre.

Elle parlait peu, posément, détachant les mots bien articulés, qui prenaient leur pleine valeur et une sorte de nouveauté dans cette diction ralentie, avec un léger roulement des syllabes rudes à la manière italienne, qui est l'accent du pays. Et des filles de ce pays, elle avait aussi les épaules larges et la haute stature.

Dans ce village, elle ne pouvait rencontrer personne qui lui plût. Des Parisiens avaient passé par ici, ces dernières années, et j'ai compris que certains lui avaient donné l'idée d'une vie à son gré, mais à quoi elle ne pouvait prétendre, disait-elle. Je lui ai demandé si elle avait aimé. « Une fois, peut-être; mais d'une façon qui ne m'a guère engagée. » Je n'en doutais pas. Elle était inabordable. Peut-être à cause de sa pâleur. Ses yeux d'un bleu passé, lumière à peine teintée, n'étaient pas faits pour voir. Elle ne riait jamais; seulement un sourire éclairait ses dents brillantes, sans animer son visage. Son corps superbe, sa chair ambrée, ne semblaient pas reliés à cette figure de pastel, comme distante et à demi effacée.

Je lui dis : « Vous mettez du rouge sur vos lèvres.
— Il le faut bien, elles sont trop pâles. »

Je pris sa main pour la première fois de force dans les miennes, médecin qui doit faire violence au malade :

« Vous avez une bonne santé ?
— Je me porte bien, mais je crois que mon sang ne monte pas jusqu'à ma figure. »

Je dis à sa mère : « Elle est pâle votre Suzanne.
— Elle a toujours été pâle. Quand elle est née, même dans cette première minute où les bébés sont rougeauds, elle avait la figure blanche. Mais elle n'a jamais été malade.
— Elle devrait se marier à son âge. Je la crois difficile. Je m'en occuperai. Je lui trouverai un mari. D'abord, je lui donnerai des conseils.
— Vous aurez de la peine à la convaincre, Monsieur. Il y a en elle quelque chose qui résiste. Je ne sais quoi. On dirait qu'elle a peur des hommes. »

C'est une inclination bien trouble que le goût d'enseigner.

En Charente, le printemps commence aux branches du saule et du bouleau par des flocons d'ouate ou des pendeloques de velours. Sur les coteaux, on taille la vigne, on laboure. Le sol retourné montre sa bigarrure : terres argileuses mêlées de sable où la charrue semble laisser dans les sillons fraîchement ouverts un reflet d'acier, terres calcaires qui paraissent toujours un peu desséchées, terres rougeâtres, terres cendreuses qui pâlissent au soleil avec un ton bleuté, ou bien qui gardent dans l'humidité comme un fond de suie.

C'est l'hiver dans les fourrés; les petits chênes ont encore leur toison rousse et frisée. Soudain, un bouquet de tendre lumière, pointillé de rose ou de blanc, couronne dans sa gloire isolée l'arbre téméraire qui fleurit avant les premières feuilles.

Le goût du passé m'a conduit vers le village de Chassors pour rendre visite à Mlle Olanier qui a soixante-quinze ans. J'ai longé le village des Tuileries tout écroulé. Ce sont les ruines du temps, des éboulements sous des draperies de ronces, des fenêtres que traverse une branche, des escaliers de décombres qui ont un tapis d'herbe. Des maisons subsistent avec leurs habitants dans ce village délaissé. Thorin que l'on nomme Thorin le pauvre, pour le distinguer de son frère, bêche un jardin. Il gagne soixante francs dans sa journée, en cette année 44, et presque chaque jour achète pour soixante francs un paquet de tabac à la contrebande. Il bêche un moment, puis s'arrête et roule une cigarette. Il ne demande pas davantage. Ce n'est pas un paresseux; c'est ainsi qu'il travaille.

Mais Chassors sur un coteau est solidement construit. Habitations sévères, sans ornements, en matériaux extraits de la contrée et qui en gardent le ton. Une enceinte cache la maison. Les murailles bordent la rue d'une haute masse de pierres calcaires à peine équarries et que le temps a décorées de taches grises ou d'ocre pâle. Cette patine s'accorde bien à la lumière argentée des beaux jours de mars et à la houppe cristalline d'un cerisier en fleur. Un groupe de cyprès un peu déviés se découpe sur l'étendue claire comme de noires colonnes de fumée. On domine ici la campagne bariolée : rubans vert tendre, lanières de labours, minuscules propriétés toutes dispersées, orgueil de ces gens qui logent au milieu de tous ces murs, plus enfermés encore en eux-mêmes.

Seule, la maison de Mlle Olanier est crépie à la chaux. Parmi ces paysans que l'aisance a durcis plus encore que le travail mal payé, cette vieille demoiselle, si fringante jadis, aujourd'hui plus pauvre qu'une gardeuse de moutons, conserve une distinction incorruptible qui la sépare de tous, essence rare qui vient de loin dans le passé et dont la recette est perdue. Je doute même que sa valeur soit encore comprise. On ne comprend plus, et des merveilles cessent d'exister.

Jadis la maison Olanier avait du renom à Cognac, et elle a sombré.

Mlle Olanier est secourue par son neveu Grassin qui habite le château de Chassors. Elle ne sort pas de sa chambre et pendant l'Occupation Mme Grassin lui a rendu visite chaque jour, apportant des nouvelles de la guerre et leur commentaire.

Je dis à Mlle Olanier qu'elle devrait se réjouir à présent; elle n'avait plus rien à apprendre. Elle ne prit pas garde à ces mots, et dit à voix basse :

« Devant tant d'horreurs, on demande : à qui la faute ? On cherche une excuse. La faute, c'est toujours les autres. Mais l'inexplicable crime chez autrui m'inquiète. Je me dis : pourquoi ? Alors je me sens impliquée dans le crime. Moi, je veux dire tous. Je ne ferais pas un bon juge.

— L'enchaînement des fautes, c'est la trame de l'histoire. Tout s'explique par ce qui précède. Voilà ce que nous avons vu depuis trente-cinq ans. De loin en loin, une minute se présente où l'on pourrait soustraire son pays à cet entraînement fatal; il suffirait, je crois, d'une vue sensée, peut-être généreuse, et même audacieuse. Dans cette minute, les hommes sont distraits, ou ils dorment; alors ils sont happés par le mortel engrenage, et c'est fini pour trente-cinq ans, un siècle... Je situe vers 1912 une minute de cette sorte, que seul Jaurès a discernée. Il en fut puni. On l'appelait l'Allemand et il a été assassiné.

– La politique, je n'y entends rien; c'est l'affaire du Bon Dieu. »

Puis, nous avons parlé de parents, d'amis d'autrefois. Lequel n'était point baroque dans ses amours ou ses haines, ivre de lui-même, avec des passions qui avaient l'air d'une maladie, des tics qu'il prenait pour une pensée, et un vieux fond de cannibale ? Parfois une idée abstraite du devoir a relevé un être, ou bien certaine idée du travail, l'œuvre qui transfigure l'ouvrier; ou autre chose de plus lointain.

Nous avions gardé le souvenir des figures accentuées que le pittoresque sauve, ou celles des martyrs et des grands coupables, oubliant comme on le fait toujours les douces et saintes personnes sans relief.

Elle me parla de son père. Comme je partais, elle se leva, grande et maigre dans une sorte de tunique blanche, ses cheveux blancs en nattes serrées autour de la tête, et je remarquai pour la première fois sa ressemblance avec son grand-père.

Je songeais à cet étrange assemblage d'êtres si différents que font les familles tandis que je regardais sur la route un groupe d'enfants qui sortaient de l'école. Ils se bousculaient, couraient d'un côté du chemin et de l'autre, jetaient des pierres. Comme des marionnettes, ils reproduisaient dans l'expansion de la liberté, tous les mouvements que j'ai vu faire à vingt générations d'enfants qui sortaient de l'école. Je compris alors comment se forme un système de philosophie ou de politique. On ne regarde qu'une face des choses, négligeant le reste. J'étais enclin en ce moment à ne voir dans le monde que sa vaine et sinistre machinerie, l'artifice des idées, la fatalité des sentiments et des événements, et la chair vive broyée dans cette mécanique. J'avais seulement l'humeur chagrine, et une ondée qui me surprit en route m'apporta un divertissement.

La pluie dura trois jours. Quand le soleil reparut, le printemps était venu, mais sur le sol demeuraient encore des espaces dénudés comme un fond de toile où le peintre hésite à mettre de la couleur, se bornant à quelques touches délicates : l'épine noire en fleur dans les buissons éclaboussés d'une écume laineuse et brillante, la mince vapeur d'un peuplier.

En voyage, je suis perdu; trop « rêveur »; difficulté à être où je suis; mes gestes égarés. Chez moi, je suis tenu par certaines habitudes dans les mouvements. Cette « rêverie » qui devient dangereuse, c'est l'âge; le cerveau s'évapore dans un dernier bouillonnement.

Voyage, le mot est gros pour quelques jours à Beaugency. En France, à peu de distance, on est dans un autre pays. Diversité, c'est la France.

Beaugency ! Vraiment, douce France, exemplaire du meilleur passé, tout en argent; la Loire encore assez étroite, même un peu agitée sous les arches du pont de pierre; un liséré de sable blanc comme signature.

Je vais me perdre sur les routes plates de la Sologne où se promènent de beaux faisans, du côté de Romorantin (sans trop m'approcher de la petite ville, centre des clameurs de l'époque).

La Sologne, presque inhabitée, est une réserve de silence : terres sablonneuses, taillis ajourés que font les bouleaux et les aulnes; parfois un groupe sombre et déchiqueté de pins dans les branchages légers; une nappe d'eau, au ras du sol, concentré de paix, vive clairière de recueillement; et l'air grave de ces choses presque immatérielles.

Au bord d'un étang caché, qui semble une rêverie aussi de la nature, il y a une maison d'un étage; une jolie maison en briques roses, avec une salle vitrée qui est une bibliothèque. Je le sais parce que je suis venu quelquefois rôder par ici comme un voleur. Cette maison est habitée par un vieux couple; je ne veux pas en savoir davantage, je ne veux pas que l'on me parle de ces gens, je veux croire qu'ils ont choisi cet endroit pour vivre seuls, parce qu'ils s'aiment depuis longtemps; sentiments presque désincarnés, qui ont gardé leur chaleur, qui ne se distinguent plus de l'être même, qui sont devenus toute la vie, et qui s'accordent bien avec cette eau calme, pourtant comme vibrante entre ses rives en effilochures de peupliers et que parfois traverse d'un long vol un oiseau aux grandes ailes, avec un cri de mouette.

Positano! la mer lumineuse, les nuances indécises qu'elle sécrète comme dans un frémissement actif, la ville blanche et sa cascade de maisons sur un fond de roches sombres, avec leurs grandes blessures bleuâtres striées de fauve; les ravins nus, un peu écrasants dans les parties hautes; plus bas, revêtus d'orangers et de petits jardins en terrasse; au fond de l'abîme une enclave sablonneuse où la mer semble jouer avec sa dentelle d'écume, se retirant à peine, pour revenir.

Il pleut ce matin. Pluie, c'est beaucoup dire; seulement des nuées qui couvrent la montagne; une brève averse; la mer un peu troublée, mais pas obscurcie, avec sa frange d'écume, des verts, des bleus plus rares, tout de suite fondus et renaissants, une espèce d'émoi intérieur des eaux, qui ride à peine la surface.

A Positano, il y a toujours eu des peintres. Je me demande pourquoi ils viennent encore, pour peindre comme ils font. En 1942 le peintre Roland a quitté sa villa près de Rome; il pensait que dans les montagnes de Positano, on serait à l'abri des batailles. Plus tard, il a fait construire une maison sur un rocher, presque dans la mer. La maison achevée, il a été paralysé.

Il ne sortira plus de sa maison mais d'un bras vigoureux il circule avec adresse dans son fauteuil roulant; il va de la pièce garnie de ses tableaux à la terrasse sur la mer. Sa femme est cette jolie Italienne (les yeux par instants injectés d'un nuage sombre, bien caressant, une espèce de nuit orageuse qui la traverse) dont Edouard Bourdet, un connaisseur, disait jadis : c'est une amoureuse. Il voulait dire : une de ces femmes très rares qui n'aimeront qu'un seul homme et en meurent doucement. Elle a veillé sur son mari de très près; lui un peu volage, à peine, légères infidélités de l'imagination, incapable de beaucoup donner à personne, sauf à sa femme, peut-être. Le voilà perclus à soixante-treize ans, la tête belle encore, et, dans son fauteuil, un châle sur les genoux, sur les épaules, il a grand air.

Que se passe-t-il dans la tête du vieil homme, plein de songes, prisonnier de lui-même sur sa terrasse et pour qui la vie, comme la mer, n'est plus qu'un tableau ?

Le peuple du Portugal est un incroyable mélange de races; hommes de la mer, non des guerriers, des amoureux aussi. Ils ont découvert le globe, les premiers partout, ramenant dans leurs caravelles les trésors exotiques.

Après le luxe, l'indolence d'un fond oriental; et ce sont les invasions de tous côtés, la rapine des nations proches ou lointaines, la cruauté des religions, les épidémies, les tremblements de terre, les reines maladives, les rois un peu fous, la misère; et cela fait ce Portugal d'aujourd'hui, peuple des chants tristes et des yeux noirs, qui a le goût d'aller pieds nus et qui aime les ornements, pauvre et fastueux, charmant dans sa douceur un peu compliquée; pays où je retourne quelquefois pour revoir Obidos, les jardins de Cintra, Lisbonne et son air de fête, l'Estrémadure en petites touches et pointillés, avec ses bouquets d'arbres partout, vraiment des bouquets de feuillage menu, ses tapis de terre rouge, ses villes blanches, et ses longues déchirures de sable devant l'océan où les vagues si reluisantes se roulent dans l'écume, tandis que dansent des bateaux frisés comme des coquillages.

Quand les genêts font des taches d'or sous les pins légers et que les blés sont verts parmi les oliviers, tout ce qui fleurit au Portugal est en fleur, et les talus le long des routes se couvrent d'une rose de corail un peu violacé.

Silence d'Obidos, grouillement de vie marine à Nazaré, ce n'est pas le contraste qui m'étonne, c'est la secrète correspondance entre le silence et la vie dans sa plénitude première. Rien n'est gâté par l'inutile à Nazaré et dans la paix des vieux murs d'Obidos. Ces choses ont duré, elles existent encore; je peux me reposer sur elles, indifférent à ces imaginations que l'on nomme devenir. L'avenir a des sources dans le passé. Il y a plus d'avenir dans le passé que dans les formes nouvelles de l'économie et de la société, déjà en vue, et qui seront insupportables à leur tour. Plus tard, on se souviendra de nous.

Nazaré ? Une petite ville blanche serrée contre la plage où vit un peuple de pêcheurs; ils sont venus de l'océan; on les appelait les tziganes de la mer, quand ils habitaient leurs bateaux. Ils logent maintenant dans des maisons basses, faites seulement pour dormir, tournant le dos à l'arrière-pays qu'ils ne veulent pas connaître. Ils ont gardé leurs mœurs, leurs costumes : hommes en chemises bariolées, un long bonnet qui penche sur un côté de la tête; femmes drapées de noir; jeunes filles, jambes nues, les hanches étoffées par l'amas gracieux et voltigeant de sept jupons courts. La plage est encombrée de barques très hautes de proue et de poupe, en quartier de lune; c'est la forme du creux de la vague entre deux lames. Autour, une foule occupée, des enfants qui jouent. Ce grand port de pêche sans jetée est une longue plage, et des bœufs tirent les bateaux hors de l'eau.

Les marmots rieurs sont nés dans le sable, ils grandissent dans le sable, et seront l'un de ces athlètes bruns en costume d'Arlequin qui vont chaque jour à l'aventure, ou étalent sur la plage les immenses filets noirs, et puis finissent magnifiques vieillards presque immobiles sur le quai; ou bien l'une de ces filles nu-pieds, jambes nues et nerveuses, avec une cloche de jupons qui se balance au mouvement des hanches, buste rigide, portant sur la tête comme un trophée une cruche ou un large plateau garni de sardines bien rangées; peut-être chanteuse un jour pour le divertissement; plutôt danseuse, entraînée par le vol des jupons qui ont déjà beaucoup tourbillonné; et puis vieille femme en voiles noirs; mais ce sera toujours Nazaré.

Vie dure pour tous et qui semble joyeuse dans cette espèce d'exaltation de l'air salin; vie toute physique, qui ne pose que des problèmes pratiques et dont l'expression suprême est la danse et le chant.

Sont-ils pauvres ? Le mot a peu de sens à Nazaré. Les mots s'accordent aux idées, non à la vie. Ces gens vont nu-pieds, parce que c'est leur goût, enfants du sable et de la mer. Que peuvent-ils désirer de plus, animés parce qu'ils aiment, distinguant mal la peine du plaisir dans ce grand courant de vie qui vient de l'océan le plus riche en poissons, le plus dangereux dans ses caprices; soumis à leur métier, à la mort, à leur propre loi, aussi libres qu'il est possible, seigneurs de la plage et fiers de leur classe.

Au-delà du grand lavoir, pimpant d'eaux remuées et de linges multicolores, la campagne commence; routes neuves entre des talus roses sous leurs fleurs de porcelaine; peu de voitures, un âne très chargé que des femmes accompagnent, parfois un paysan plus riche sur un cheval à tête mince et qui va au pas. Carrés de terre rouge, vite retournés quand on est dix côte à côte pour bêcher ferme. On sarcle à la houe, on sulfate avec des balais de romarin, les puits sont à balancier. Partout, des arbres vaporeux, des bosquets d'idylle, des maisonnettes d'un blanc de craie, une douceur angevine dans l'air.

Ces vieux instruments, ces mœurs d'autrefois ne conviennent plus à la prolifique humanité qu'il faut nourrir; mais tant d'hommes sur le globe, pour quoi faire !

On peut vivre à Madère.

Je connais un couple qui habite Madère depuis vingt-cinq ans. L'homme a quatre-vingts ans; la femme a conservé cette beauté affinée et comme intérieure des vieilles dames qui n'ont pas trop retouché la nature. Le matin, ils font une promenade à cheval, au pas, sur les routes incrustées de cailloux, suivis de leur chien; ils vont à travers les futaies, parmi les fleurs (des fleurs, il y en a partout, en toute saison), ou bien vers un mamelon couvert de vigne du côté de la mer; les falaises rembrunies tombant à pic de très haut.

Ils possèdent une petite plantation de bananiers dont le revenu est sûr et qui abrite un côté de leur jardin. La maison domine la baie de Funchal; l'océan est proche. Quand un bateau, le matin, arrive d'Angleterre et entre lentement dans le port, ils descendent à Funchal faire des emplettes, puis s'assoient devant un café et regardent les nouveaux étrangers qui traversent la place. Le samedi soir ils vont danser à l'Hôtel Savoy; un bon orchestre joue des sambas.

Le jardin de mes amis est plein d'orangers dont ils aiment encore le parfum. Après le dîner, ils restent longtemps assis sur la terrasse de leur maison. Une clématite à grandes fleurs bleues enveloppe la balustrade, mais on ne voit que les feuilles sous le reflet de la lumière du salon. Ils regardent le ciel et la baie dans la nuit. On entend le faible bruit de l'océan qui fait sentir l'éloignement de toute autre terre.

Ce sont des gens très simples, pleins de sagesse et d'innocence, pacifiés à l'extrême, heureux de vivre, de vivre seulement, sans rien ajouter d'excitant ou de pathétique à ce sentiment étale de l'existence, qui se suffit à lui-même.

L'homme, à demi autrichien, je crois, et à demi anglais, fut importateur dans sa jeunesse, à Copenhague; un métier difficile. Il avait alors une autre femme. La seconde a vécu longtemps en Angleterre, avec un autre mari. Je n'ai jamais posé de questions sur leur vie passée; j'ai compris que ce passé n'existe plus pour eux. Ils ont tout oublié. Ce sont des enfants de Madère où la population indigène d'origine confuse, toute gentillesse, semble venir d'une humanité qui n'aurait jamais eu de griffes.

Ils ne sont pas troublés par l'idée de leur grand âge et de la mort prochaine. Je ne crois pas qu'ils aient même le sentiment de leur âge. Ils songent peut-être à d'autres vies encore qui suivraient celle-ci, aussi dépourvues de souvenirs; à une autre île.

Là-bas on oubliera Madère.

VII

J'AVAIS écrit quelques pages d'un livre qui aurait paru longtemps après ma mort. Je m'arrête. Ces temps futurs où je croyais me transporter avec plus de liberté, sans le moindre respect humain, n'ont aucune réalité. Je ne puis me dégager de mes scrupules, de moi-même, de mes liens, de ma société. Hors de mes limites et du présent, il n'y a plus personne.

L'avenir, même en pensée, nous échappe. Où le situer ? Si on y pense, on arrive tout de suite à la fin du monde.

Nous vivons pour des babioles. Après tout, c'est la mort ou la vie qui sont des babioles. L'important, c'est l'attitude en face de la vie.

Etrange monde que voilà, dont on ne sait si le dernier mot est la vie ou la mort! Monde atroce, plein de cruauté, de gaspillage et de redites, avec des détails ingénieux, et qui n'a vraiment réussi que la beauté ! pauvre monde, si l'homme n'existait pas ! et pourtant aucune parole d'homme ne peut m'éclairer sur mon destin car j'appartiens à cet univers; il détient le secret de mon être; un secret bien gardé.

Une courte prière me suffit. Souvent, j'en ai éprouvé l'efficace et subtile douceur : « O monde ! je veux ce que tu veux. »

Tant de vivants, même proches, sont pour nous des morts, tant de morts sont présents, tant de choses sont vivantes ou ne sont rien, selon notre attention et notre cœur, que je n'ai jamais su très exactement où finissaient la vie et la terre.

Des hommes ont aimé la vie à cause de leurs amours; quelles amours ? la mer; la lumière (pour le peintre Vuillard); la science (dans sa phase de création); surtout, le désert. « Le désert ne cesse de rappeler à lui, dit T. E. Lawrence, celui qui l'a connu une fois. »
C'est dans le désert, dans le stérile et doux vallonnement des sables, sous le ciel et ses incandescences que le Bédouin approcha de son Dieu : l'être sans figure et sans voix qui enveloppe tout. Telle fut la religion nue du Bédouin, la révélation du pur dépouillement, avant Mahomet et le piètre paradis qu'il annonça; de ces initiés, qui avaient beaucoup surpassé ses médiocres commandements, le prophète fit des conquérants.

Dans la vie acceptée, il y a quelque chose qui est plus que la vie.

Un homme dont on aurait bien dosé toutes les qualités, un homme épuré et qui par l'effet d'une savante chimie ne serait plus irascible, distrait, versatile, vaniteux, qui aurait toujours le sens droit, la bonté qu'il faut, l'imagination tempérée, cet homme parfait serait un monstre, une horrible mécanique. Il aurait perdu ses vraies sources, en même temps que sa personnalité limitée, confuse, faite de contrastes, d'aspirations et de défaites.

Le seul bonheur qui lui soit permis, son talent et tout son mérite et toute sa réalité viennent de ses manques : les obstacles, les privations, les défauts qu'il faut surmonter ou compenser.

Une épreuve pour l'homme est d'être toujours ramené à sa mesure. L'excès lui est fatal. Il veut du soleil, du mouvement, mais pas trop; une nourriture légère; un bonheur mitigé, de préférence un peu douloureux afin de l'apprécier; quelques commodités, mais restreintes.

Au-delà, tout est pour lui satiété, poison, folie.

Je ne demande pas un homme nouveau, surtout s'il est fait par les hommes; je voudrais seulement que toujours reviennent en ce monde, avec leurs manques et leurs limites, des êtres tels que j'en ai connu, et qui m'ont fait penser à quelque chose qui est dans l'homme de plus grand que lui.

Personne mieux que Charles Du Bos ne m'a fait sentir « l'évidence des choses non vues », la vie profonde unie à Dieu. J'ai refusé cette lumière, fidèle à ma vocation terrestre, aux êtres abandonnés qui cherchent comme moi une lueur, là où tout est incertain et obscur.

La santé, l'amour, la chance, les « privilèges », toutes les grâces sont faveurs ambiguës qui font d'un heureux de ce monde le plus déshérité. Il connaît ce goût amer que prend la vie chez celui qui en a reçu le meilleur; il n'a plus d'espérance sur terre même pour les autres, et jusque dans l'avenir indéfiniment consumé.

Qu'est-ce que la Nature ? le bon sauvage ou le mauvais sauvage ? J'appellerai Nature l'intrusion incessante de l'irrationnel, la beauté spontanée, la bonté innée, l'amour, et tout ce qui est miracle dans la vie.

Balzac a découvert, chez l'homme, la nature sociale dont il a fait la matière de ses romans. Il a été frappé par la volonté et les sentiments que créent le métier, les mœurs, et toutes les conditions sociales, parce qu'il vivait dans une période constructive. Peut-être verrons-nous une époque semblable, où le social reprendra ses pouvoirs.

Dans la phase de relâchement qui nous fut accordée, j'ai pu considérer à mon aise une autre nature de l'homme dont j'ignore la provenance et que je nommerai la nature spirituelle. Elle est une manière de penser et de sentir aussi invétérée que les instincts et toute confondue à notre chair. Elle varie de l'un à l'autre. Les événements les plus communs, la pauvreté, la maladie ou l'amour, la vie, la mort, sont absolument différents selon les êtres, à cause de leur nature spirituelle. Elle est le destin qui n'a pas de sens ailleurs.

Quel est ce principe de l'être qui commande à l'intelligence et au cœur, qui fait du même objet une cause d'égarement ou de triomphe pour la raison, un sujet de désolation ou un événement heureux ?

C'est un secret de la nature spirituelle.

Ecoutons Jean Rostand : « L'espèce humaine passera, comme ont passé les Dinosaures et les Stégocéphales. Peu à peu, la petite étoile qui nous sert de soleil abandonnera sa force éclairante et réchauffante. Toute vie aura cessé sur terre qui, astre périmé, continuera de tourner sans fin dans les espaces sans borne. Alors de toute la civilisation humaine ou surhumaine – découverte, philosophie, idéaux, religion – rien ne subsistera. »

C'est que tout cela, peut-être, aura cessé d'être nécessaire. Un seul instant de notre vie consciente a dépassé cet univers. Que cet instant soit ! Cet instant divin et suffisant où l'homme atteint à l'esprit. Le reste n'est pas notre affaire.

Il n'y a pas de vie perdue quand on a aimé... ne fût-ce que ses outils. Cet attachement aux êtres et à de petites choses de rien, assurément périssables, et que la vie même, avant la mort, nous retire, je voudrais savoir ce qu'il signifie; ce que signifie l'amour si vivace, rebelle à toute raison, et cette espérance qui est au fond de l'amour, cette espérance qui est au fond de tout.

De la vie, en somme, je n'ai retenu que l'inexplicable; l'amour quelquefois, et avec méfiance; la beauté, toujours; les « plaisirs » quand ils sont l'ombre du bonheur; « l'art pour l'art », au sens profond, qui n'est pas sur le plan strictement terrestre, du moins qui est un peu dégagé de la substance humaine la plus éphémère, et qui devient grossier dans la mesure où il s'y insère davantage; signes étranges d'un monde qui n'est pas proprement humain.

De ce monde invisible, je me suis approché à reculons, refusant toutes les interprétations comme sacrilèges. Je me sens plus humble encore, plus ouvert à tout le possible, plus confiant dans le doute, à mesure que vient l'heure de l'oubli; et si le Dieu, qui m'a créé doit me recevoir, je lui rendrai sa créature telle qu'il l'a faite, l'esprit aveugle et que je n'ai pu changer.

JULIE

En décembre 1955, je retournai à Mâchecoul pour déménager quelques affaires et dire adieu à mes amis Patrice et Julie. A présent, ils habitaient toute l'année La Nocle, leur maison de campagne près de Mâchecoul.

J'avais réservé pour le dernier jour ma visite à La Nocle. Le domestique me dit que Patrice était absent depuis quatre mois et je n'en fus pas surpris. A cette époque, beaucoup de gens changeaient de résidence et Patrice avait choqué des rigoristes de son pays.

Je demandai à voir Julie et je l'attendis au salon. C'était une pièce bien cirée et glacée. Le froid y paraissait lui-même antique et comme concentré au milieu des tentures. Cette maison était une ancienne fabrique de boulets de canon, d'abord transformée en hôtel, puis louée par Patrice et Julie qui en firent leur habitation d'été. Ils modifièrent la toiture et entassèrent le mobilier de deux familles dans les chambres peu à peu délaissées par les enfants. Des arbres qui dataient de l'époque de la fabrique et qui étaient nourris par un sol humide cachaient les marais voisins. En cette saison où la vigne vierge étalait sur la façade une sombre résille, ils laissaient voir le toit de la ferme et les murs du potager.

Je n'entendais aucun bruit; j'étais habitué à ces stations dans le salon, quand je venais à La Nocle. Quoique Julie eût vécu à Paris depuis son mariage, elle n'avait jamais perdu ses habitudes provinciales. On ne voit guère les femmes dans les petites villes; elles sont incrustées dans leurs chambres. Le reste de la maison est domaine de l'homme, la rue est au démon. Avec l'âge, ce penchant à la réclusion se développa chez Julie. A Paris, elle était invisible.

Quand elle me fit appeler et que je pénétrai dans sa chambre, elle était enveloppée de châles gris et assise auprès d'un poêle de faïence. Elle dégagea de ces lainages une main qu'elle tendit vers moi et reposa sur le bord tiède du poêle; cette main d'enfant, très blanche, d'une extrême finesse, portant la grosse perle de ses fiançailles, le naïf éclat de ses yeux clairs, étaient les seuls vestiges de la jeune fille d'autrefois; à sa place, une sorte de nuage gris avait pris la forme d'une vague et douce matrone qui m'était étrangère et semblait à peine réelle.

Elle me dit :
« Patrice est en Charente.
— Pour longtemps ?
— Très longtemps, je crois.
— Donc, je le verrai; moi aussi je vais en Charente.
— J'ai promis de ne pas donner son adresse.
— Sûrement, il n'est pas à Royan.
Je répétai :
— Royan...
Ce nom avait de l'écho pour nous, c'était la ville

de nos vacances d'enfant; Royan, l'éblouissement de midi et les jeunes filles.

Julie était l'une de ces jeunes filles; Patrice, un garçon de vingt ans qui venait de Paris et habitait la villa Grisélidis. Moi, j'accourais de Limoges. Pendant cinq ans, tous les étés, nous avons formé la même bande. Patrice choisit Julie. Elle avait quatorze ans, je crois, quand il me dit : « Tu l'as remarquée, la petite Julie ? Elle sera bien. » Cinq ans, elle a été fidèle au rendez-vous, soumise à la volonté de l'homme qui la fascinait de son amour impatient.

Lorsque j'ai revu Julie à des âges différents, et aujourd'hui encore, pâle, oppressée, j'ai toujours songé à cette brûlure des étés de notre enfance où l'amour s'était fixé dans son cœur et sa tête à sa plus haute température

Elle était restée comme en suspens au-dessus de la terre, un peu égarée, avec une gêne dans la respiration, souffrant du refroidissement de la vie autour d'elle, cherchant un amour perdu qui était à ses côtés et qu'elle ne reconnaissait plus.

Un geste de Julie me tira de ces rêves. Je lui dis :
« Vous allez bien ?
— Je ne peux pas dormir. C'est le cœur.
— Vous aimez la campagne.
— Je ne sors pas. Je ne peux pas marcher.
— Heureusement, vous avez de bons domestiques. Maintenant La Nocle vous appartient.
— Patrice a acheté La Nocle pour moi l'année dernière et il est parti.
— C'est nécessaire.
— Il croit que c'est nécessaire.
— Vous avez des nouvelles de vos enfants ?
— Ils vont bien. »
Je lui posai d'autres questions, mais les réponses étaient brèves. J'étais son plus ancien ami et je la connaissais bien; je la considérais un peu comme une châtelaine ruinée par les frais du château.

Devant moi, elle n'osait rien dire; elle trouvait sans doute que je la regardais avec trop d'attention quand je lui parlais.

J'arrivai à Jarnac un jour de foire. Les hommes étaient venus des environs en casquette ou chapeau noir. On n'apercevait ni bétail, ni charrettes; mais, dans les cafés, il y avait des conciliabules où des bêtes invisibles changeaient de propriétaire. Tout devenait symbolique.

J'ignorais encore si j'habiterais chez ma fille ou si je louerais une chambre. Pour quelque temps, j'avais un but de promenade : je chercherai une habitation dans la campagne. Il est bon d'ajouter aux choses de la nature une arrière-pensée d'utilité ou d'art; toutes crues, elles ne suffiraient pas à nous retenir longtemps.

Après mainte course à bicyclette, j'eus connaissance d'un logis à l'abandon, situé dans un bas-fond de prairie, près de la rivière, et que l'on nomme Corbigny, en souvenir du vicomte qui jadis l'habita. Ce bâtiment en pierres sombres, couvert d'ardoises, orné d'un léger balcon de fer, fut construit par un fonctionnaire royal et n'a pas l'accent du pays.

Là, j'ai trouvé Patrice, dans une haute salle tapissée d'un papier soyeux mais endommagé.

« C'est bien moi, dit-il. Puisque tu m'as découvert, prends un siège. Il y en a peu, tu m'excuseras. J'ai quitté Mâchecoul, parce que je n'y étais pas tranquille. Pourtant, on n'a pas été méchant pour moi. En somme, c'est par politesse que je me suis retiré. Je m'étonne que l'on ne m'ait pas fusillé. On persécute de puérils réactionnaires pleins de bons sentiments et on me laisse courir ? Cela ne se voit pas que je suis un hérétique, un gibier de potence ? Aussi je me condamne moi-même à la réclusion perpétuelle dans ce logis délabré où je finirai mes jours et que je ne ferai même pas réparer. J'ai rompu avec toutes mes habitudes, même cette sotte habitude de penser à l'avenir et au genre humain. Avant de me soucier de l'humanité, je voudrais savoir ce qui mijote dans les entrailles de la terre, et s'émancipe par ces bouffées volcaniques, dont nous venons de voir quelques échantillons. On expliquera cela plus tard. Ce sera très clair. Cela ne me regarde pas. D'ailleurs, je crois que dans ce monde rien ne me regarde. Je néglige les petits événements, presque toujours faux événements qui bouleversent tout et ne changent rien. Que signifie un événement quand tu ignores la suite ? J'entends beaucoup dire que des gens se sont trompés, mais je ne sais pas exactement de qui l'on parle. Les hommes légers comme moi et les peuples légers supportent bien les événements; ils s'en moquent. Les gens sérieux croient aux événements; ils sont façonnés par des accidents, ce sont des mécaniques de l'atmosphère. Je ne veux plus voir personne, sauf Adèle, la vieille et charmante folle qui t'a ouvert la porte. Elle est toujours de bonne humeur; je ne demande pas davantage à mon prochain... C'est la solitude qui pouvait encore m'intéresser. Elle m'intrigue comme ces temples orientaux interdits aux profanes. La solitude, je pense, est propice aux révélations de l'esprit. La famille, les rues, le travail, contrarient l'esprit... Ma solitude sera-t-elle complète ? J'aperçois quelques personnes sur la route; mais je suis à l'abri des distractions pernicieuses. Pourtant, dans les cloîtres, on divertit les religieux par des occupations machinales. Peut-être que la réflexion trop suivie n'est pas favorable aux visites de l'esprit... Ce qui m'effraye dans le monde qui naît, c'est la perte des maigres amusements terrestres. Tout ce qui a fait le plaisir des hommes ou leur cher souci va finir. La société devient insipide. Autrefois, nos pères allaient au cercle et entretenaient au loin de coûteuses cocottes. Simple but de promenade. Aujourd'hui, tu restes au foyer. C'est terrible un foyer, avec des enfants, une tendre épouse, fidèle, sensible, exigeante, et que tu fais toujours souffrir parce que tu es un homme. Et le loisir, c'est terrible... Bien sûr, les maniaques ont une distraction. Je n'ai jamais joué, même enfant. J'avais des passions graves. Plus tard, je n'ai jamais joué aux cartes, ni au jardinage, ni à faire le philosophe. Je n'ai eu qu'une seule distraction dans ma vie : ma maison de commerce. Julie a cru que j'étais un amateur de femmes. Elles ne m'ont point gêné; Julie suffisait pour accaparer un cœur. Une vieille affaire comme notre petite industrie que mon arrière-grand-père a fondée, ce n'est pas commun à Paris. Quand tu as pour principe l'honorable et l'excellent, le profit est maigre. Mais j'aimais la chaleur de mon bureau. Cette douce température venait de l'association du personnel à la dignité de nos affaires qui était vraiment notre chose commune. Que de soins ! Quelle confiance dans la durée ! Etrange, n'est-ce pas ? cette foi incrédule que nous avions, sachant que tout ce travail mal récompensé, cette maison et son apparence solide allaient disparaître avant nous, ou peu après, comme toute chose humaine. Ce luxe insensé dans le travail, c'était notre plaisir... J'ai tout laissé à mes enfants. La mort du père se fait trop attendre. Je l'ai devancée. C'est beau l'amour d'un père, quelquefois... Amour abstrait... Pas l'amour qui étouffe... A présent, je veux le silence. Je sais que les mots n'ont aucun sens, ni en politique, ni en philosophie, ni dans l'amour.

– J'ai vu Julie... »

Cet homme qui réclamait le silence ne cessait de parler. Il parlait précisément pour ne rien dire, pour tromper sa solitude, me couper la parole, et se dissimuler à lui-même dans les paradoxes de la colère ce qu'il ne voulait pas savoir.

« J'ai vu Julie...

— Elle va bien; je sais. Elle est contente à La Nocle. Elle voulait vivre à la campagne. Les enfants mariés, rien de mieux pour elle. Elle aime tant les fleurs !

— Elle n'est pas heureuse et s'inquiète de l'avenir. Elle ne pleure pas. Elle ne peut pas pleurer quand tu es absent, et je crois que c'est mauvais pour elle.

— Elle s'est toujours inquiétée de l'avenir, persuadée qu'elle allait tout perdre. Elle cherche toujours quelque chose; elle perd les objets exprès. Elle cherche dans l'objet égaré ce qu'elle croit perdu ou qui l'abandonne : les enfants absents, le mari qui n'est jamais assez son mari... Ces femmes douces qui vivent de sentiments subtils ont une façon toute personnelle de se tourmenter et qui est lourde pour l'autre. Elles ont beaucoup d'invention dans la tyrannie. Julie a maintenant une maladie de cœur. Elle ne veut pas voir un médecin, ni prendre un remède. Quand je fais venir Courdaveau, elle ferme sa porte à clef. Courdaveau dit que ce n'est rien; ces étouffements sont nerveux. Je n'en suis pas sûr. Je surveille mes paroles; un mot déplacé la tuerait. A mon âge, on n'est plus maître de soi, on devient irritable, peut-être grossier. J'ai peur de lui faire du mal... Ces êtres qui ont la vocation de l'amour restent crispés sur un rêve de jeunesse... Julie a vingt ans... C'est une enfant... Les yeux de l'enfant, ses larmes, ses caprices, et sur qui la vie a passé sans rien éteindre. Chez elle, les traits de l'enfance s'accusent avec l'âge dans une progressive innocence. Bien sûr, elle a été plusieurs femmes, une mère absolue, une mère détachée, elle a eu le goût des voyages, la manie de la réclusion, elle était maigre, la voici opulente, mais à travers ces métamorphoses demeure le fond indélébile du sentiment. Etrange vitalité du cœur ! Dans mon bureau, j'avais un répit, mais le tête-à-tête continu dégage une atmosphère où je ne respire plus. J'avais de bonnes raisons pour partir et que Julie a comprises. La vérité, c'est que je veux vivre seul. Avant de mourir, j'atteindrai à une région de moi que je pressens et ne peux définir et que la solitude me révélera. Dans la famille, on cède à une tentation diabolique; on veut corriger ses proches. Quand même tu deviendrais un sage avec les années, c'est là que tu trébuches : l'intolérance. Pas question de divorce entre nous, ni même de séparation légale. Le mariage est un lien qu'on ne peut rompre sans se renier soi-même. Mais à la fin, chacun parle une langue inintelligible pour l'autre... Julie ne changera pas; elle a été mal élevée. Il n'y a pas d'éducation pour le cœur, je suppose. Est-ce l'amour ou le caractère qui est responsable de cette volonté de possession et d'absolu qui gâte tout ?... J'ai constaté que ces femmes qui ont tant d'exigence dans l'amour et qui n'admettent pas la médiocrité humaine se ressemblent toutes par l'allure. Elles ont de l'envergure. Des êtres destinés au ciel et qui se trompent de route. En vérité, ce sont de grandes dames.

— Tu as fait l'éducation de Julie.

— Je l'avais oublié. Mais je ne suis plus le garçon que j'étais à vingt ans. Voilà toute la différence... A La Nocle, elle a du bois, elle peut se chauffer; elle a tout ce qu'il lui faut.

— Je l'ai trouvée bien pâle auprès de son poêle.

— Ma présence ne lui valait rien. Tu verras, elle se portera mieux. Peu à peu, elle sera gagnée par cette espèce de sérénité des veuves... Heureusement; je ne pourrais supporter l'idée qu'elle souffre.

— Tu as des livres ?

— C'est le moment de lire Grégoire de Tours. Il me manque un bon fauteuil. J'ai supprimé la radio. J'en avais assez de leurs chansons d'amour. Excepté cet effrayant mélange de deux vies que fait le mariage et qui vous brûle jusqu'à la fin, tu en as, toi, de beaux souvenirs d'amour ? Voyons ! Ils sont toujours honteux. Tu vas dîner avec moi. Je n'ai rien à te donner, mais nous ferons semblant de manger. Adèle posera des assiettes sur la table et cela aura l'air d'un repas. On ne trouve rien dans ce pays, moins que l'an dernier. On ne s'en plaint pas. Royan a été détruit, pour une question de protocole, avec quinze cents morts; c'est à peine si on en parle. Les maux réels affectent moins les hommes que l'idée qu'ils se font de leur condition. Tout cela fait partie maintenant de l'idée d'un grand bienfait et d'une nouvelle espérance. On a vu des martyrs bienheureux. Plus souvent de ces ingrats à qui Dante promet une bonne place dans son enfer parce qu'ils ont pleuré quand ils auraient dû se réjouir. Julie a été une femme comblée, sans jamais le savoir; elle a toujours soupiré parce qu'elle avait l'idée de je ne sais quelle défaite, et n'a vraiment savouré que cette noire chimère. Je suis communiste. Les communistes apportent l'assurance d'un monde meilleur, et interdisent le doute et le soupir. Voilà des psychologues ! Si tu laisses les hommes à eux-mêmes, tu peux retourner la société comme tu voudras, il n'en sortira que des plaintes... Te souviens-tu de la société charentaise d'autrefois ? Quelle paix ! Les hommes ne savaient que faire de ce bon temps, et déjà quelques-uns commençaient à battre du tambour. Les Charentais peuvent très bien renverser un régime qui leur plaît et qui les a bien servis. Ce qu'ils réclament, ils l'ont appris par cœur et s'embrouillent dans leurs doléances. En France, les révolutions sont faites de préjugés; elles sont toujours un malentendu. Cette erreur est à craindre quand les hommes ont perdu le sens du rapport entre les choses, et cette notion s'est beaucoup affaiblie chez le Français; il s'étonne de tout, même de ce qu'il a voulu. Le rapport entre les choses, le lien entre la cause et l'effet, voilà ce que je n'ai jamais pu faire comprendre à Julie ! »

Je fis un mouvement pour prendre mon manteau étalé sur le dossier d'une chaise, contre le poêle, et il dit, l'œil anxieux :

« Tu as le temps. Il fait encore grand jour. Vraiment, tu ne veux pas dîner avec moi ? »

Il parla avec plus de volubilité pour me retenir. Il parlait du loisir que l'homme ne peut supporter, du travail qui ne signifie rien, de l'Eglise, de l'histoire des religions, de la fin du monde; et le nom de Julie revenait sans cesse dans ce tourbillon d'idées. Il parlait des femmes qu'il regardait comme des êtres despotiques, acharnées contre l'homme, possédées d'une jalousie délirante, avec une nature de furet, des yeux de lynx; puis de la sainteté du mariage, et aussitôt déclarait en bon cathare que le mariage est proprement l'état de péché parce qu'il produit les mauvaises pensées. Il avait l'horreur de l'espèce humaine, sans distinguer entre ses parties.

« Quant aux attachements privés, j'en connais la substance; elle se gâte vite dans les imbroglios, le divorce des caractères, l'égoïsme dément et les hallucinations. Insensé celui qui met son espérance dans les hommes ! Tu connais cette phrase ? Elle est dans l'*Imitation*. Nous sommes tous un peu chrétiens, un peu stoïques. Voilà le fonds commun. Un peu, ce n'est rien.

Il avait abandonné la direction de son industrie, passion, but, morale, plaisir de sa vie, pour dépasser ce qu'il possédait. Dégagé de sa coquille tant sculptée, je le trouvais bien nu. Faute d'une foi précise, je n'avais rien à lui donner. Peut-être ai-je souhaité pour lui une maladie obsédante qui lui occuperait l'esprit. Dans cette salle à peine meublée, percée de hautes fenêtres, il m'apparaissait comme sur un promontoire, s'offrant à quelque lumière qui lui échappait, ne trouvant que l'ennui de cette vacuité, la morsure de l'être qui se retourne contre lui-même. Cette image d'un promontoire me venait à l'esprit parce que je regardais à travers une vitre poussiéreuse les eaux de la rivière qui recouvraient les prés, lueur figée d'étain étalée devant moi avec des tronçons d'arbres à demi submergés, un noir gribouillis de branchages sur l'inerte et blafarde étendue.

Je quittai Patrice brusquement. Cet homme est trop plein de lui-même pour entrer dans ces vagues situations du bonjour et de l'adieu.

Au milieu d'une côte, je descendis de ma bicyclette. Dans les champs qui dominaient l'inondation, c'était une autre saison. Un homme taillait ses vignes, et le bruit du sécateur me rappelait le cri d'alarme de la fauvette. Un bois de chênes et de pins couvrait un pan de la colline. Je vis comme un grand feu au couchant. Sur le fond de cuivre étincelant se découpait en fines arabesques à l'encre de Chine un fouillis élancé de ramures; il y avait dans l'air attiédi et le ciel plus coloré l'annonce du printemps que déjà signalait un faible cri d'oiseau. Comme je longeais le bois de chênes, je m'arrêtai pour regarder le tapis crêpelé, pâlissant à la fin de l'hiver, que font les fougères et les feuilles, et j'en cherchais la nuance exacte dans les tons de l'ocre rosé.

Jarnac est une petite ville couleur de perle, où toute vie est réfugiée dans les maisons. Pas de bruit, peu de passants dans les rues; seulement de jolies façades en pierre de taille et qui ont l'air de vieil ivoire ou de vieil argent, avec de hautes fenêtres aux contrevents gris. Ville d'ombre et de lumière et de paix riante.

Je comptais y vivre dans une chambre que j'avais louée. Après dix ans de musardises, le moment était venu d'écrire un roman dont Patrice serait le sujet. Il me présentait des traits à ma ressemblance, d'autres étrangers à ma personne, et cela formait dans le même être un assemblage suggestif du moi et du non-moi.

Avant de m'enfermer dans cette chambre redoutable, je cherchais une table assez vaste pour y étaler mes papiers.

J'ignore ce que l'on nomme méditation et je n'ai jamais bien compris le travail de l'écrivain. Il doit surtout se méfier de ses idées; la pensée n'est jamais assez mûre. Ses inspirations sont pleines de traîtrises. D'ailleurs, en France, un auteur se fait grand tort en écrivant; il sera blâmé pour ses défauts et pour ses qualités.

L'ennui venant, j'allais travailler par désespoir, lorsque l'avion de Charlie Alcot se posa sur l'aérodrome de Cognac. J'avais connu Charlie à Boston, en 1936. Nous avions beaucoup à nous dire sur les choses de ce monde, et je courus à Cognac pour le voir. Notre première conversation fut courte; il avait la même opinion que moi sur les peuples et les événements. Je suis facilement d'accord avec les étrangers. C'est entre Français que la conversation est difficile; ils ne parlent pas la même langue, et chacun ne sait que son patois.

Charlie proposa de me conduire au Maroc. Je n'étais pas de ces hommes à qui l'on permet de s'envoler; Charlie se moquait de nos décrets. Voici l'occasion de fuir le travail; une chance! Mais la chance me fait peur; je n'ai jamais pris un billet à la loterie, craignant de gagner le gros lot. Et je n'aime pas les paradis faits d'avance, vieux pli de l'homme disgracié qui entend tout gagner à la sueur de son front. Enfin Charlie m'emporta malgré moi.

En Afrique, je reçus une lettre de Julie, qui m'avait cherché en divers lieux. La date ancienne de cette lettre rendait plus pathétique le ton pressant. Julie voulait me voir tout de suite.

Plus tard, passant à Bordeaux, je trouvai une seconde lettre de Julie. C'était le même appel qui reproduisait exactement les termes de la première lettre. Je me dis que Julie pouvait encore attendre quelques jours, mais je modifiai mes plans pour me rendre à La Nocle avant de retourner en Charente.

Julie me reçut dans sa chambre et me regarda d'un air morne sans comprendre ce que je lui disais. Je lui parlai de ses lettres, précisant que j'étais venu de Bordeaux sur sa demande. Elle dit :

« Je suis très malade. »

Je remarquai ses mains sans vie, ses lèvres pâles, légèrement violettes, et je ne sais quoi de sourd dans tout son être qui ne subsistait que par un faible souffle.

« Il faut vous soigner. Consultez un médecin. Vous souffrez du cœur; on peut guérir. »

Soudain, un éclat gracieux, presque un sourire, parut dans ses yeux décolorés; elle parlait, elle entendait :

« Vous voyez Patrice quelquefois ?
— J'ai quitté la Charente depuis longtemps, j'ai voyagé en Afrique et je suis venu ici tout droit de Bordeaux, mais je retourne à Jarnac et je verrai Patrice.
— Vous lui ferez une commission de ma part. J'ai

une chose grave à lui dire et qu'il doit savoir après ma mort ou avant, comme vous voudrez. Pour lui, je suis déjà morte et il ne reviendra plus. Sûrement, il vous a dit les raisons de son départ; tout ce qu'il vous a raconté est faux, j'en suis persuadée. Le vrai motif, je crois le connaître et, à ce propos, je veux m'expliquer. Il faudra lui parler avec précaution. Je vous dirai tout cela dans une lettre.
— Dites-le maintenant.
— Cela me fatiguerait, et il y a trop de nuances à retenir. Prenez garde aux nuances, il faut des ménagements. Vous pourrez choisir le moment, adoucir... C'est pour cela que j'ai besoin de vous. J'avais pensé écrire à Patrice, mais une lettre est toujours trop courte et trop brutale. A vous, je peux écrire. Vous saurez développer, envelopper... »

Un jour de pluie et de soleil, entre l'hiver et le printemps, quand les buissons au bord de la route ont encore leur sombre fourrure et que les coteaux lointains font une flamme bleue sertie d'argent, j'allais à Corbigny. La chaîne de ma bicyclette s'étant décrochée, je profitai de cette pause pour me remémorer mon discours. L'essentiel était le préambule. On peut tout dire après de bonnes préparations. J'avais en poche la lettre de Julie, mais je la savais par cœur. Les interruptions de Patrice étaient prévues, les réponses prêtes, et tout le dialogue se déroulait bien.

Dans le vestibule que remplit de sa cascade un large escalier de pierre, je me fis connaître par des vociférations. Patrice dormait. Je compris qu'il était habitué à son existence de solitaire; il avait pris le parti de dormir. La salle où il se tenait dans les moments où il était éveillé avait un aspect plus humain. Il y avait une table, un fauteuil, et, sur la table, deux dossiers gonflés de papiers.

Patrice m'accueillit avec chaleur, mais sans surprise, comme s'il m'avait vu la veille. Il ne paraissait pas se douter qu'une année s'était écoulée depuis ma dernière visite. J'aurais pu croire qu'un raffinement du cœur lui faisait négliger les questions banales et les façons communes d'exprimer les sentiments, mais je pense plutôt que les absents n'existent pas pour lui et qu'il ne daigne pas le cacher.

« J'ai vu Julie...

— Je sais. Elle m'a écrit une jolie lettre sur ton passage à La Nocle. Elle écrit des lettres délicieuses. J'en ai une collection depuis mon départ. Autrefois, je n'avais pas remarqué ses lettres, je n'avais pas senti leur charme. Tu vis quarante ans avec une femme, et il y a une femme en elle, peut-être plusieurs, que tu n'as pas connues. Julie est intelligente et fine; elle a de la noblesse et une sorte d'ingénuité qui est faite d'une rare pureté de l'âme; mais je n'avais pas soupçonné chez elle l'art d'écrire. Quand elle écrit, les choses sont comme recréées par elle dans un demi-jour d'aurore. Ce sont des lettres très simples... »

Il tira un papier de l'un des dossiers posés sur la table.

« Cette phrase, par exemple : « Je ne crois pas
« nécessaire de prendre Etienne pour allumer le feu.
« Le matin, je ne trouve pas pénibles ces obliga-
« tions; elles m'imposent une discipline qui m'est
« bonne et allumer le feu c'est bien commencer la
« journée. J'aime à voir monter les flammes comme
« j'aime à traverser le bois et le jardin pour aller
« chercher du lait, même s'il fait froid. Toutes mes
« joies me viennent de la nature ou d'humbles cho-
« ses. Les humains sont trop rudes pour moi. » Ce n'est rien... C'est émouvant, n'est-ce pas ? Si la lettre

t'intéresse, tu peux lire. Ou encore celle-ci, plus ancienne... C'est une autre saison. »

Il relisait les lettres, puis me les passait. Je lui dis :

« Oui, ce sont de jolies lettres, et bien surprenantes pour qui revient de La Nocle. Je me demande de quelle profondeur, dans son pauvre être pétrifié, Julie peut tirer ces choses aussi fraîches. Tu ne la reconnaîtrais pas, elle est à peine vivante... Elle m'a chargé d'une commission pour toi, au sujet d'un événement ancien que tu n'as pas oublié je pense et dont je veux te parler... Te souviens-tu d'un garçon qui s'appelait Paul ?

— Paul ?... non... quel Paul ?

— Un garçon qui allait quelquefois chez vous il y a une quinzaine d'années...

— Ah ! Paul Cabaret. Oui. Le fils de l'un de nos contremaîtres. Il venait chez nous, je ne sais pourquoi. C'était un garçon...

— Cela ne te rappelle rien ?

— Non. Pourquoi ? Il a fait une sottise ?

— Paul Cabaret ne te rappelle rien qui ait rapport à Julie ? Enfin... tu ne sais pas...

— Quoi ?

— Tu ne reproches rien à Julie ?

— Nous en avons parlé l'année dernière... je lui reproche tout... C'est peut-être ma faute... Non, je ne lui reproche rien.

— Tu ne savais pas que ce garçon... pendant quelques années... Tu ne sais pas que Julie a eu un amant ?

— Julie !

— Elle veut que je te dise que si elle a choisi ce garçon, le plus insignifiant de votre entourage, le dernier qui pût inspirer de l'amour, c'est exprès, parce qu'il ne comptait pas pour elle. Elle sentait qu'elle te gênait, que son amour t'ennuyait, et elle a cru que si elle pouvait s'intéresser à un autre homme, elle deviendrait plus raisonnable et que tu serais plus heureux. »

Patrice ne dit rien et regarda vers la fenêtre d'un œil qui semblait noircir dans un visage crispé, terriblement fixe. Le silence transfigurait cet homme d'ordinaire brûlant de paroles. Cette révélation venait de le frapper comme une pierre. S'il avait parlé, j'aurais pu le secourir; j'étais muni d'explications et d'adoucissements. Il m'échappait avec sa blessure dans le mutisme de la mort.

J'avais appris ma leçon, et, sans discernement, et même privé de toute liberté d'esprit, par un glissement mécanique de la parole, je l'avais récitée, alors que Patrice ne savait rien. J'avais réveillé l'événement qui dormait dans la nuit, inconnu, aboli, pour en faire un projectile. J'avais été un stupide commissionnaire de la fatalité, l'instrument inconscient de ces divinités qui élèvent et précipitent les empires, retournent le sens du juste, distribuent au hasard les bienfaits et les souffrances pour la dérision du monde.

Je rentrai chez moi plein de honte. J'étais un assassin.

Un peu plus que de coutume, je redoutais l'arrivée du facteur, cet autre porteur d'événements.

J'attendis quelques semaines, puis je retournai à Corbigny. Je vis Adèle perchée sur le rebord d'une fenêtre et qui frottait une vitre en plein soleil, comme si elle jouait avec des rayons. La maison avait un air de propreté inaccoutumée. Adèle ne m'apprit rien sur Patrice qui était parti sans donner de ses nouvelles le lendemain de ma dernière visite. Mais elle m'assura que tout allait bien parce qu'elle avait le cœur joyeux. Je n'en pus rien tirer que de bons présages sur les choses humaines en général.

Ayant relégué ma bicyclette et acheté une automobile que les Allemands avaient dédaignée et dont nos soldats n'avaient pas voulu, heureux de retrouver mes aises sur la route, je partis pour Paris, en faisant un détour par l'Anjou. Je me souvenais d'un carrefour de rivières où j'avais vu autrefois le plus beau printemps. La Sarthe, la Mayenne, la Maine, le Loir, la Loire, s'emmêlent. On se perd parmi les rivières et leurs débordements. Il y a des eaux bleutées sur les prés, des haies illuminées de chèvrefeuilles et de digitales, des pommiers encore entortillés dans leurs vieux branchages et qui commencent à fleurir.

Mais en chemin une autre idée me traversa l'esprit. Ce sont de redoutables serviteurs, ces machines qui obéissent si bien à nos impulsions. Déjà je roulais vers La Nocle sans préméditation.

Comme j'arrêtais ma voiture sous les chênes, je vis Patrice devant la maison. Il surveillait deux vieillards dont il avait fait des jardiniers tout branlants et qui paraissaient modelés dans une terre crayeuse avec leurs défroques sans couleur.

« C'est un peu tard pour planter, me dit Patrice, mais je désire que Julie ait devant sa fenêtre un champ de roses. »

Brusquement, il entra dans la maison. Je regardais l'un des jardiniers voiturer de la terre avec prudence; Patrice reparut.

« Je ne te demande pas de monter. Mais Julie t'a reconnu; ça lui a fait plaisir. Je ne la quitte guère. Je crois qu'elle respire mieux si je suis auprès d'elle. Toute la nuit, je la regarde; je ne dors plus. On peut vivre sans sommeil. Je voudrais qu'elle soit heureuse dans ses derniers jours. Quand elle dit : « Mon bon « Patrice », cela me suffit; il me semble que j'ai réussi ma vie. »

ŒUVRES DE JACQUES CHARDONNE

L'ÉPITHALAME.
LE CHANT DU BIENHEUREUX.
LES VARAIS.
CLAIRE.
ÉVA.
LES DESTINÉES SENTIMENTALES.
ROMANESQUES.
CHIMÉRIQUES.
VIVRE À MADÈRE.
L'AMOUR DU PROCHAIN.
LE BONHEUR DE BARBEZIEUX.
ATTACHEMENTS.
LETTRES À ROGER NIMIER.

MATINALES.

PROPOS COMME ÇA.

« Composition réalisée en ordinateur par IOTA »

IMPRIMÉ EN FRANCE PAR BRODARD ET TAUPIN
7, bd Romain-Rolland - Montrouge - Usine de La Flèche.
LIBRAIRIE GÉNÉRALE FRANÇAISE - 14, rue de l'Ancienne-Comédie - Paris.
ISBN : 2 - 253 - 03361 - 8

42/3040/5